El Acantilado, 1
EL DESTINO DE LA LITERATURA

MICHAEL PFEIFFER

EL DESTINO DE LA LITERATURA
DIEZ VOCES

RAFAEL ARGULLOL
BERNARDO ATXAGA
FÉLIX DE AZÚA
LUIS ALBERTO DE CUENCA
JAVIER MARÍAS
EDUARDO MENDOZA
QUIM MONZÓ
ANTONIO MUÑOZ MOLINA
SOLEDAD PUÉRTOLAS
JOSÉ ÁNGEL VALENTE

BARCELONA 1999 EL ACANTILADO

Publicado por:
EL ACANTILADO

Quaderns Crema, S. A.,
Sociedad Unipersonal

Muntaner, 462 - 08006 Barcelona
Tel.: 934 144 906 - Fax: 934 147 107
acantilado@quadernscrema.com

© 1999 by Michael Pfeiffer

Derechos exclusivos de edición en lengua castellana:
Quaderns Crema, S.A.

ISBN: 84-930657-4-9
DEPÓSITO LEGAL: B. 23.618 - 1999

JORGE SECA: *Transcripción y redacción*
PEPITA GALBANY: *Corrección de pruebas*
LEO BEARD: *Ilustración cubierta*
MERCÈ PUJADAS: *Producción editorial*
MARTA SERRANO: *Producción gráfica*
ROMANYÀ-VALLS *Impresión y encuadernación*

Bajo las sanciones establecidas por las leyes,
quedan rigurosamente prohibidas, sin la autorización
por escrito de los titulares del copyright, la reproducción total o
parcial de esta obra por cualquier medio o procedimiento mecánico o
electrónico, actual o futuro—incluyendo la reprografía y la difusión
a través de Internet—y la distribución de ejemplares de
esta edición mediante alquiler o préstamo públicos.

ÍNDICE

Al margen 11

RAFAEL ARGULLOL 13

BERNARDO ATXAGA 37

FÉLIX DE AZÚA 49

LUIS ALBERTO DE CUENCA 71

JAVIER MARÍAS 95

EDUARDO MENDOZA 125

QUIM MONZÓ 143

ANTONIO MUÑOZ MOLINA 157

SOLEDAD PUÉRTOLAS 179

JOSÉ ÁNGEL VALENTE 197

Inter folia fructus
SAN AGUSTÍN

AL MARGEN

La constelación resulta sugerente: diez voces reunidas en el acantilado a un paso del milenio cuestionando el destino de la literatura. Sin embargo, el presente libro no es ningún vocerío de vates. No hay pronósticos. El mismo Platón ya se equivocó augurando el hundimiento de la memoria cuando apareció el alfabeto. Gracias a las letras muertas percibimos todavía hoy las voces vivas del pasado.

Existen algunos instrumentos inmejorables como la rueda, el cuchillo y el vaso o como la letra, la hoja y el libro que el hombre ha ido desarrollando en su evolución. Son perfectos en su funcionalidad y no serán superados hasta que no dejemos de hacer uso de la mano y de la palabra. Esta seguridad no debe inmunizarnos frente a las concretas transformaciones actuales, pero sí puede ensancharnos el horizonte para juzgar con mayor clarividencia sobre el destino del libro y de la literatura, por ejemplo. Entre la euforia mercantil y el pesimismo tradicional olvidamos fácilmente que no son las tecnologías o los medios en sí los que influyen en lo cotidiano sino el uso concreto que se puede hacer de ellos. La utilidad es como un sedimento que sólo es visible con el paso del tiempo. Sin embargo habría que recordar que el peligro para el libro ha venido casi siempre de una mano bárbara e incendiaria y no de la tecnología.

Las crisis son inherentes a la literatura, son necesarias para la continua renovación de sus formas. Cuando al autor de Una *carta* a Lord Chandos se le descomponen las palabras en la boca como hongos podridos, el péndulo ha llegado a un punto muerto. Hofmannsthal supo expresar este agotamiento, pero será con Kafka que la literatura arranque de nuevo. Este encadenamiento es permanente. No hay peligro de que se acabe. Así como para el marinero *navigare necesse est*, podríamos decir que para nosotros *narrare necesse est*.

¿De qué manera se responde a una pregunta como la de Sartre: *Qu'est-ce que la littérature?* Con el diálogo interminable. No hay respuesta fuera de él. La literatura sólo se define dialogando sobre ella. Y éste sería precisamente el propósito del presente libro: dejar que los autores hablen sobre la literatura. En las entrevistas no se han buscado opiniones o respuestas premeditadas. Las preguntas sólo quieren iniciar la reflexión o, aquello que, según Kleist, sería la elaboración paulatina del pensamiento a medida que se habla. *L'idée vient en parlant*.

Este libro ha nacido gracias a la iniciativa del editor Jaume Vallcorba y a la amable disponibilidad de todos los autores entrevistados. El entusiasmo y la disciplina de Jorge Seca y la ayuda de Sophie Caesar han facilitado enormemente el trabajo del autor, que se ha limitado a representar el papel de la criada de Molière.

PRIMAVERA DE 1999

RAFAEL ARGULLOL

—*Si no ando equivocado, muchos intelectuales, profesores y críticos parecen preocupados por el destino del libro. George Steiner y otros hablan del fin del libro, de la caída de la galaxia de Gutenberg. Sin embargo el mercado del libro funciona, las editoriales publican cada vez más títulos. ¿Cómo ves, desde la perspectiva del autor, el estado de salud del libro en estos momentos?*

—Respecto a esta cuestión, por lo general, se apunta el conflicto de las nuevas tecnologías y de los nuevos soportes. Lo cual probablemente es un conflicto cierto que quizá en el futuro llegue a una cierta especialización de lo que ahora son textos con soporte tradicional. Quizá sea posible que las enciclopedias, los manuales, la literatura de consulta llegue a tener un nuevo soporte y por otro lado todavía se mantenga el soporte para textos más específicamente literarios. Pero para contestar a tu pregunta te diría que para mí el peligro y el conflicto quizá viene de otro lugar. Es verdad que se publican muchísimos libros. Yo diría que se publican muchos libros, se compran menos y se leen todavía menos. Pero a mí me llama mucho la atención el fenómeno del libro artefacto. Se ha ido generando en nuestros días una creciente literatura sin cultura o literatura inculta o libros incultos, es decir que se nos presenta como libro y así están en el Día del Libro y como «grandes ventas», libros que son auténticos simulacros y auténticos artefactos ya no de baja cultura sino de incultura, por ejemplo el nuevo fenómeno de la autoayuda, de los esoterismos varios, de las nuevas espiritualidades, de los libros que siempre habían existido, prácticos, pero ahora confundidos todos ellos en un gran *totum revolutum*. No creo que éste sea un fenómeno nuevo. En el siglo XIX o principios de siglo, también al lado del libro de cultura había un libro artefacto, pero lo que me parece que es un fenómeno nuevo es la confusión en una especie de pantalla única, de único plano del libro vinculado a la cultura y el libro totalmente desvinculado de la cultura. Éste me da la impresión de que, como desconcierto y desorientación del lector y del público, es un peligro mucho mayor que el de las nuevas tecnologías.

—¿Dirías que carecemos de criterio para distinguir lo que es cultura de verdad de lo que sería un libro en sentido estricto?

—A mí me da la impresión de que con el predominio generalizado por un lado de los medios de comunicación y por otro lado del *kitsch*, hemos llegado a un momento en que la tradición literaria queda como asfixiada o naufraga dentro de un océano de oportunismo, un océano de psicologismo, un océano de pragmatismo, pero con la enorme dificultad de que ya no hay mecanismos de distinción, y por ejemplo, la extinción de las librerías literarias en ciudades productoras tradicionales de cultura es un fenómeno impresionante como he podido comprobar recientemente en París, y eso va acompañado del predominio de grandes espacios, del predominio de una especie de indiscriminación que para mí tiene efectos negativos, no desde el punto de vista del libro, pero sí desde el punto de vista de la cultura. Estamos asistiendo a una especie de ruptura de la gran tradición literaria. Aunque esa tradición pueda enseñarse en las escuelas, poco, y en las universidades, sin embargo parece que esté como poco viva en lo que es la creatividad contemporánea. Y esa misma creatividad contemporánea la veo muchas veces inclinada a la exaltación de la trivialidad y del simulacro.

—*Los periódicos, cuando publican el listado de* bestsellers *suelen distinguir entre ficción y no ficción. Una de las cuestiones de fondo sería: ¿qué relación tiene la literatura o la creación literaria con la realidad, con la reflexión, con el pensamiento filosófico? ¿Cómo lo definirías tú?*

—La distinción «ficción-no ficción», aparte de ser deudora de los países anglosajones, introduce varios equívocos. El primer equívoco radica sobre todo en el apartado de la no ficción en donde actualmente se mezclan desde el último libro de jardinería o de recetas de cocina hasta un manual clásico de filosofía. Y me parece que esta mezcla, desde el punto de vista de la información, es muy confusa y nefasta. Pero yendo al problema de fondo, yo cuestiono mucho la diferenciación entre ficción y no ficción porque creo que todas las obras, incluso las obras de reflexión, son obras de ficción. Y en ese sentido la frontera entre la ficción y la no ficción es algo que desde la Ilustración y desde el Romanticismo, me parece como mínimo relativo. En segundo lugar, soy un declarado partidario de la relativización de los géneros literarios. Lo que llamamos literatura (al menos ésta es mi concepción personal) es como un archipiélago en el cual hay diversas islas de expresión con su autonomía, pero la unidad de fondo es la unidad de este archipiélago literario en el cual converge lo que acostumbramos a llamar narrativa, lo que acostumbramos a llamar poesía, lo que acostumbramos a llamar ensayo en todas sus diversas facetas. Yendo en concreto a tu pregunta, yo a veces defino la literatura a través de una fórmula muy escueta que es: experiencia más experimento. Por tanto, en cuanto a experiencia, defiendo un fondo de verdad vinculado a la propia experiencia de verdad del individuo. En cuanto a experimento, evidentemente defiendo que haya toda una ficcionalización, toda una utilización del territorio de la imaginación sobre ese fondo de verdad. Pero en definitiva, siguiendo con la imagen del archipiélago, la aspiración a la verdad de una obra narrativa supuestamente de extrema ficción, de una poesía o de un ensayo, es la misma. El ensayo es tentativa, pero el poema también es tentativa y la narración también es tentativa. En todos los casos hay una aproximación, si se quiere fantasmagórica, al problema de la verdad. Nunca he creído, sobre todo no he creído en los escritores que declaran explícitamente una especie de repugnancia a la verdad. Otra cosa es que eso que llamamos verdad sea una fantasmagoría, un juego de sombras, pero sí creo que hay un fondo de verdad que sería el mar de ese archipiélago.

—*A la hora de escribir o de navegar en este archipiélago, quizá cada mar tenga sus condiciones meteorológicas y una navegación específica. Entonces, no hablando en términos generales, cuando escribes ¿cómo orientas tu navegación? ¿Es cuestión de estilo, de enfoque? ¿Es para ti lo mismo comenzar con un ensayo, un aforismo o una narración?*

—No, es distinto y me gusta tu imagen de la meteorología, porque además me recuerda la primera página de *El hombre sin atributos* de Robert Musil, donde efectivamente la literatura y la meteorología van muy unidas. Yo creo que es así si por meteorología entendemos también una especie de estado del espíritu. El estado del clima vinculado al estado del espíritu. Pero por otro lado, junto con la meteorología yo hablaría también de la cirugía, de la topografía. Porque en definitiva se trata de un problema de espacio y de tiempo, o de larga distancia, de media distancia, de corta distancia. Y también de ritmo del tiempo. Para mí, lo que considero ensayo, me lleva a una meteorología en la cual el espíritu atiende más a una especie de fragmentación abierta. Es, como antes decía, un ejercicio de tentativa, en el cual no me guía tanto la forma como ese propio ejercicio.

En cambio casi diría que en las antípodas de eso estaría el poema, o la poesía, que yo consideraría como una especie de momento de palabra entre dos momentos de silencio. Veo la poesía como la palabra extraordinariamente destilada, con un tiempo concentradísimo y un espacio de enorme densidad, exactamente en el polo opuesto del periodismo. Entre la poesía, que es esta escritura del espacio concentrado y del tiempo, y el periodismo, que sería una especie de tiempo que fluye como un río, se sitúan las otras expresiones: entre lo que se destila desde el silencio y lo que está dentro del ruido de la cotidianeidad.

Un escritor, en una obra literaria, debe vincularse a los signos de su tiempo, pero a su vez tiene una voluntad secreta, consciente o inconsciente de trascendencia; si no no escribiría literariamente. Y digo trascendencia en un sentido no solemne del término. Una voluntad de penetración que va más allá de la corteza, de la información o de la comunicación.

De la misma manera que el periodismo nos llevaría a la máxima información sobre los signos del tiempo y a su mínima penetración, el poema lleva a la mínima información y a la máxima penetración en estos signos. Y entre las dos escalas se abren todos los otros territorios literarios. Así pues, los territorios literarios están entre el silencio sublimado y la información pura o la comunicación pura.

Por tanto mi aproximación a distintos textos es pues una tensión del espíritu que evidentemente luego exige determinadas estrategias distintas. No es lo mismo la carrera de larga distancia que los cien metros. No es lo mismo moverse con toda una vida por delante que si crees en la metempsicosis.

Las estrategias de escritura coinciden mucho con lo que te estás proponiendo, es decir, qué tiempo, qué espacio, si quieres ser una especie de apólogo del silencio, o si quieres en un momento determinado estar montado en el oleaje de la información o de la comunicación.

—*Si sitúas la palabra poética entre dos silencios o dirigida hacia la trascendencia, ¿no admitirías también que la palabra poética, al menos en la modernidad, incluye una reflexión continuada sobre sí misma?*

—El ejemplo inmediato de eso es que estemos hablando aquí del destino de la literatura. No veo a la figura del escritor clásico-ingenuo hablando del destino de la literatura. Empezamos a preocuparnos del destino de la literatura en la medida en que ponemos en cuestión la propia literatura. Me parece que forma parte de la ironía moderna el hecho de que nos sea difícil dirigirnos a la palabra escrita sin colocarla al borde del abismo, al borde del precipicio. Por eso, la poesía, al ser el territorio de máxima intensidad, es también el territorio de ironía más tensa. En el poema, de manera más clara que en otras expresiones, tiene que buscarse la palabra desnuda para la idea desnuda y para la sensación desnuda, y en ese sentido, para buscar esa desnudez se tiene que ser muy riguroso y para ser muy riguroso se tiene que ser muy irónico. Hay que llevar esa autorreflexión hasta los límites máximos. Por eso mencioné antes el silencio.

En un poema que publiqué hace poco llamaba a la poesía como aquello que se destila o que gotea desde el silencio. En cambio hay otras expresiones de la escritura que son carreras a largo plazo, con tiempos más dilatados, donde uno no somete la ironía al filo de esta espada tan punzante.

Yo, por ejemplo, a la poesía no la caracterizo desde el punto de vista de la forma, por eso no me importa la forma tradicional o vanguardista, ni si mantiene la rima o no, sino que la caracterizo desde su sustancialidad, su esencialidad y su rigor autocrítico, su rigor irónico.

—*Cambiemos ahora de rumbo y pasemos de la reflexión a la historia. La madre de las musas se llamaba Mnemósine y creo que si todavía podemos hablar de inspiración poética, la literatura está ligada a la memoria. Un autor como Tolstoi versa sobre una década de la guerra napoleónica, Joyce condensa un día en Dublín en una novela... ¿Qué relación crees que mantiene la literatura con la memoria? ¿Dónde situarías al autor, al lado del historiador o del fabulador, del inventor?*

—Recuerdo al menos dos pasajes distintos de Baudelaire, en que, en términos que son muy clásicos, define al poeta como el maestro de *la* memoria, y en otro pasaje, como el maestro de *su* memoria. En cualquier caso, son dos perspectivas interesantes para ahondar en ellas porque el escritor es un maestro de la memoria en el sentido de historia. Como tal me atengo un poco a lo que ya decía Aristóteles en la *Poética*, que lo que diferencia al poeta del historiador es que mientras el historiador es aquél que registra lo que empíricamente ha pasado, el poeta es aquél que desarrolla o expresa todas las posibilidades de lo que pudiera pasar. Y creo que ésta es una de las aproximaciones más extraordinarias e insuperadas todavía del hecho literario: que lo que le diferencia con la historia o con el periodismo, en el trato con la memoria, es que lo propio del artista, en este caso del escritor, es indagar no en una sola dirección sino en todas las direcciones posibles. Por tanto, los archivos de la memoria a los que se dirige el escritor son archivos que por un lado están documentados pero por otro lado están imaginados.

En ese sentido, el *epos*, la épica del tratamiento de la memoria, creo que tiene su paralelismo y su correlato en el tratamiento de *su* memoria. Estoy completamente convencido de que nuestro acercamiento a la memoria del mundo es muy parecido al acercamiento que tenemos a la memoria personal. También nosotros creamos una biografía de nosotros mismos que nos parece científica, incontrovertible, empírica como la del historiador, y al mismo tiempo creamos un mito de nosotros. Y nada como la memoria para certificar eso, porque la memoria yo la he definido en *El cazador de instantes* como un tribunal absolutamente arbitrario. De la misma manera que nos ilumina instantes de nuestra vida que en el terreno empírico apenas han tenido importancia y nos ilumina con enorme intensidad, de la misma manera pues nos oscurece meses y años enteros de nuestra vida. Es arbitraria, pero, ¿por qué es arbitraria? Porque actúa a través de lo que podríamos denominar una fuerza secreta o un eros secreto, una verdad secreta, nuestra propia memoria nos exige una verdad secreta. O sea que aquello que construimos con la memoria es, en el fondo, una versión más profunda de la verdad. Es una versión de la verdad en el subsuelo de la conciencia.

Y en ese sentido, mi último libro, *Transeuropa*, no deja de ser una muy libre recreación del mito de Edipo. Cada vez estoy más convencido de que conocernos no es ir acumulando conocimientos sino ir alejándonos de los equívocos y de las falsas identidades que creíamos seguras. La memoria, en un sentido profundo, es la guía de ese alejamiento, porque todo aquello que creemos que es verdad pues sólo lo es en un terreno superficial como la verdad de la vida de Edipo, y es propio de la literatura y del arte meter el bisturí, indagar en los subsuelos de la memoria, por tanto en el propio mito, por tanto también en el mito del mundo y de la humanidad.

—*Hablando de la memoria, ¿dirías que necesita la contrapartida del olvido?*

—La luz necesita la oscuridad. Lo que iluminamos como zonas brillantes lo podemos iluminar porque lo rodeamos de oscuridad. Lo que en el poema, por ejemplo, nosotros concentramos como palabra entre el silencio, lo podemos hacer porque hay silencio. Nosotros podemos llegar a bucear o a vivir o a navegar en esa otra verdad gracias a que actúan las zonas de oscurecimiento y de olvido. Pero es un olvido en otra instancia. Creo que uno de los deberes, si es que tiene deberes el escritor, es intentar navegar sin prejuicios. O sea, no ponerse como un *a priori* lo que tiene que ser olvido y lo que tiene que ser luz. Eso es de los políticos. Lo que tiene que hacer el artista es precisamente lanzarse a la aventura, en el sentido etimológico del término, y en ese «a la ventura» irse orientando pero no con apriorismos. Y luego tiene que ir avanzando a través de los procedimientos de la experiencia y de la experimentación e ir por tanto a hablar de esas zonas de luz, pero no como *a priori*, porque *a priori* es aquello que hacen los políticos o los historiadores o los demagogos interesados, que son los que crean dogmáticamente zonas de luz y zonas de identidad, o aquellos que no se atreven a enfrentarse a la verdad de Edipo.

—*Parece ser que los grandes debates entre vanguardismo y tradicionalismo, sobre los «ismos» en general se han calmado en los últimos tiempos. ¿De qué manera se definiría hoy la responsabilidad estética del autor?*

—Existe una responsabilidad estética del autor que estaría vinculada a la doble dimensión del arte a la que antes me he referido. Por un lado la captación de lo que son los signos de su escenario o de su tiempo, y por otro, la posibilidad de dirigirse a interrogantes esenciales del hombre que van más allá de su tiempo. Pero los dos planos son importantes. Ahí no nos alejamos mucho de la consideración de moderno que tenía Baudelaire. Él mismo decía que hay que ir por un lado hacia lo efímero, fragmentario y contingente y por otro hacia lo eterno inmutable. Lo que me parece básico es que el escritor no sea anacrónico. Que sea intempestivo pero no anacrónico. Voy a poner uno de los ejemplos más ilustres. No creo que nadie de los que participen en este libro tenga la insensatez de decir que Shakespeare es un mal escritor. Pero el enorme caudal de metáforas y de imágenes de Shakespeare, actualmente un escritor por grande que fuera no podría utilizarlo porque aquello estaba basado en una cosmovisión, una gran cadena del ser en el cual las pasiones de los átomos, de los vientos, de los hombres y de los astros estaban interrelacionados. Después de la revolución científica, de Newton y en nuestra época moderna misma eso no sería creíble. Entonces que un escritor escribiera como

Shakespeare sería profundamente anacrónico.

La polémica sobre la responsabilidad estética del escritor creo que va más allá de la polémica tradicionalismo o vanguardismo y tiene que ir al hecho de que un escritor siempre debe estar en condiciones de conectar con las figuras comunicativas o sísmicas de su tiempo.

—*El debate sobre la literatura comprometida parece que también se haya calmado. ¿Cómo se define hoy la responsabilidad ética del escritor?*

—Una parte de la responsabilidad ética del escritor o del artista viene definida por lo que hace un momento llamábamos responsabilidad estética. En la medida que cumple esa responsabilidad estética o aquella persecución de verdad fantasmagórica a la que antes me refería, creo que se está cumpliendo también el *ethos* del escritor. Ahora bien, reconozco que la ruptura del discurso de la modernidad, ha llevado a un escenario altamente conflictivo porque no hay duda de que todo el proyecto estético de la modernidad, en el sentido más ortodoxo o más canónico, va vinculado a una especie de sueño de renovación humana. En la medida en que se quiebra ese sueño también se quiebran los vínculos entre lo ético y lo estético. Vivimos en un escenario distinto en donde esos vínculos al menos no son exteriormente tan aparentes. Y cuando digo «exteriormente» tan aparentes, podríamos decir también «ideológicamente» tan aparentes. Ahora los vínculos son distintos y me atrevería a decir que forman parte de esa búsqueda de verdad interna de la obra literaria. Para mí la responsabilidad ética del escritor consistiría en rehuir lo que podríamos llamar la cultura del simulacro. Por tanto no defiendo ni una posmodernidad ni una antimodernidad sino una especie de autocrítica de la modernidad, sangrienta y descarnada, que nos sitúe de una manera desnuda en la relación del escritor con su obra.

—Hablemos de la relación del autor o de su obra con el lector. ¿Cómo se resuelve esta dicotomía entre la búsqueda de la verdad que puede conducir a una minoría selecta y el intento de dirigirse a un público más amplio?

—A mí me gusta mucho más que el escritor encerrado en su torre de marfil, el escritor como nómada. Y de hecho hace años titulé un libro de ensayos sobre lo literario y lo artístico, *Territorio del nómada*. Y no es sólo un título sino que es una paradoja de la que estoy convencido. El nómada no tiene territorio y sin embargo lo llamaba el territorio del nómada. Esa especie de huellas secretas que va trazando el escritor en su nomadismo por una vida actual, no por una vida anacrónica, es lo que al mismo tiempo teje el territorio, teje la patria del escritor. Me gustaba mucho aquello que Bruce Chatwin contaba de la cosmogonía de los indígenas australianos. El centro de este continente al parecer está cruzado por pistas invisibles que sólo están dibujadas a través del canto. Y estas pistas, invisibles para nosotros pero no para estos indígenas, van trazando un territorio. En este sentido utilizaría esa misma imagen.

El artista, el escritor, tiene que estar contaminado de mundo y de vida. Cada vez me parece más siniestro el artista tísico, tuberculoso, encerrado en su estudio. El escritor tiene que estar contaminado de vida, tiene por tanto que ser un nómada a través de la vida. Pero, claro, un nómada que a su vez aspire a ir tejiendo esa especie de laberinto que será su patria, que será su territorio. Entonces la artisticidad no es estar de espaldas; la artisticidad es crear el territorio del nómada.

—*Permanezcamos en los términos topográficos. Hans Magnus Enzensberger publicó en el año 1960 una antología titulada* Museo de la Poesía Moderna *que recogía una literatura de tradición todavía europea. Veinte años después ya proponía sustituir el concepto de «museo» por un concepto geográfico. Hace poco apareció publicado un* Atlas de la Poesía Nueva. *Evidentemente el concepto de literatura universal o de* Weltliteratur *en el sentido que le dio Goethe ha cambiado en las últimas décadas. La literatura de tradición europea se enfrenta a otra de las «periferias». ¿Afecta esto de alguna manera nuestra concepción de la literatura?*

—Vivimos una época transitiva con fenómenos revolucionarios que pueden ser muy interesantes y con fenómenos que pueden llegar a ser grotescos. Me explico. El otro día, hablando con unos músicos, con compositores contemporáneos, nos referíamos a la misma cuestión dentro del terreno de la música, y llegábamos a la conclusión de que una de las formas actuales más importantes de renovación de la llamada música clásica es la llamada música étnica. Ellos mismos proponían dejar de llamarla música «étnica» para evitar esa especie de componente paternalista que describe el exotismo de las otras músicas. Un compositor incluso aventuraba que la renovación de la música tradicional europea finalmente se habrá obrado más a través de las ósmosis con esas músicas llamadas étnicas no europeas que a través de los experimentalismos musicales de la vanguardia del siglo xx, lo cual es una hipótesis discutible pero muy atractiva.

En el terreno de la literatura las resistencias a esta ósmosis serán mucho mayores porque casi de una manera hegeliana diría que mientras en la música esa fusión puede hacerse con relativa facilidad por la falta de texto, en la literatura las resistencias de todo tipo, gramaticales, sintácticas, de hegemonía cultural, etc., serán mucho mayores. Pero, a pesar de todo, sí creo que estamos en una fase transitiva en la que las periferias cada vez serán más importantes en su influencia sobre el centro. Dicho esto, y dejando a un lado el ejemplo de la música que nos podría llevar a la parte más renovadora y positiva en esta cuestión, estamos en un final de siglo en el que las narrativas de las culturas de la periferia, aunque muchas veces con idiomas del centro, se están convirtiendo en fundamentales.

Existe el peligro de caer en posiciones grotescas como lo «políticamente correcto» en literatura. Es decir, la multiculturalidad, el policentrismo, todo eso en lo que estamos demasiado de acuerdo hasta convertirse en un tópico. Lo cual ha originado a su vez movimientos contrarios que también son justificables pero que tienen también algo de ridículo como los cánones. Por ejemplo el canon de Bloom tiene su justificación como reacción a lo grotesco «políticamente correcto» en el arte y en la literatura, pero en cambio tiene como movimiento a su vez criticable que el propio canon cae en la exclusión. Si uno se fija en el canon de Bloom se da cuenta de que es extraordinariamente parcial, unilateral, anglosajón, etc. Entonces estamos entre la ridiculez del canon y la ridiculez de lo «políticamente correcto» universal. Entre la ridiculez del eurocentrismo y la ridiculez de una especie de policentrismo aséptico o cosmopolitismo uniforme.

Más bien vivimos a mi entender en un escenario transitivo. Uno de los elementos que ha cambiado sustancialmente es que el mundo que vio emerger la modernidad es profundamente distinto al nuestro. Aquel sí que era un mundo monolíticamente eurocéntrico, ahora hay una tensión de centros, incluso de centros mentales, mucho más compleja. No se ha confirmado aquel darwinismo civilizatorio según el cual cada uno de los estadios dejaría atrás todos los estadios anteriores. Ahora vivimos un mundo en el que el pasado y el futuro muchas veces se entremezclan, donde junto con los centros occidentales hay centros espirituales que influyen en nuestro mundo, emergencias psicológicas, religiosas, etc., que han aumentado la complejidad de nuestra lectura del mundo. Pero desde luego yo evitaría tanto la tentación canónica como la tentación «políticamente correcta».

—Has dicho que estamos en una fase de transición. Como autor, ¿te consideras miembro de una tradición universal, nacional o local? ¿Qué lleva en su equipaje el nómada cuando se mueve por los mundos?

—La tradición del nómada y del viaje en mi caso además llega al extremo de que prácticamente en todos mis libros, sean de narrativa, ensayo o poesía, hay un viaje implícito o casi siempre explícito. El desplazamiento físico a mí me ha servido mucho como corte de la experiencia que me ha introducido en el hecho literario concreto.

Ahora bien, contestando a tu pregunta te respondería que por formación yo tengo una educación literaria europeo-universal, es decir en que lo universal es lo europeo o como máximo lo occidental. En ese sentido ni es local, ni es hispánica, incluso toda mi generación pienso que se educó en términos de la literatura como idioma común, independientemente de las lenguas, y eso sigue siendo para mí profundamente atractivo. Flaubert, Dostoievski, o Faulkner pueden tener tanta importancia como pueden tenerla Cervantes o Valle-Inclán o Carles Riba. No es una importancia que se atribuya a la patria o al idioma. Esa especie de cosmopolitismo de raíz me parece muy reivindicable.

Reconozco no obstante que es un cosmopolitismo eurocéntrico. Dentro del escenario transitivo al que antes aludía, defiendo la figura del escritor como nómada. Estoy de acuerdo con aquellas anotaciones geniales de Hölderlin, poco conocidas pero geniales, a propósito de sus traducciones de *Antígona,* en las cuales decía que una cultura sólo puede ser viva cuando tiene la capacidad de extrañación de sí misma. Y eso lo aplico tanto en el plano personal como en el plano cultural. Creo que una persona sólo puede llegar a un conocimiento de sí misma en la medida en que es capaz del movimiento edípico de llegar a un profundo desconocimiento de sí mismo. Y una cultura sólo puede vivificarse en la medida en que es capaz de extrañarse.

Así pues, un escritor cortado a lo eurocéntrico, occidental, profundamente educado en la tradición europea, tiene la obligación en estos momentos de extrañarse respecto a esa tradición, distanciarse, y en ese sentido asomarse a las otras tradiciones. Y eso para poder vivificar y conservar, incluso para ampliar su amor a esa tradición.

Reconozco que nunca llegaré, ni lo deseo, a desgajarme de esa herencia. Sin embargo me parece profundamente vivificador ser capaz de ese intento de ósmosis con otras tradiciones y con otras geografías espirituales.

—*Una pregunta muy concreta. Como viajero por la literatura, ¿se te ocurre algún libro que todavía no se haya traducido al castellano?*

—Se me ocurren muchos. Me parecería muy interesante traducir más ampliamente a un español al castellano, a Ibn al-'Arabi, el sufista, o incluso traducir bien a Averroes. Se trata en este caso de viajar sin moverse. Se trata de traducir al castellano a españoles. Son españoles profundamente descentrados desde nuestros centros espirituales. El reincorporar corrientes como la mística árabe y judía, producida en la propia Península Ibérica, y ya que sólo me dejas poner un ejemplo, me parecería fundamental.

—*Ya antes has dado una respuesta a la cuestión del canon. Sin embargo, preguntando desde la óptica del lector o del estudiante, ¿necesitamos alguna orientación para acercarnos al mundo de la literatura aunque sea «nomadeando»?*

—Necesitamos una columna vertebral o un tronco. El prejuicio de determinados escritores y artistas contra aquellos otros que utilizan oralmente la cultura forma parte de la ignorancia, porque no hay prácticamente nada que ayude tanto como la posibilidad del diálogo. Por tanto reivindico la posibilidad de la conversación.

Se necesita siempre el tronco que te facilite ir a través de las ramas pero que te permita volver siempre a él. En ese sentido reconozco que aunque defiendo la democracia como sistema político, siempre he manifestado públicamente que defiendo la aristocracia en un sentido intelectual. La aristocracia en el sentido de excelencia, de referencia, de prestigio, en el sentido de calidad, y por tanto sí me parece importante que tengamos en cuenta el caudal más poderoso de las ideas vertidas.

Estoy en contra de los cánones hegemónicos por razones políticas o por razones de imperio *a posteriori*, como es el caso del canon de Harold Bloom que es unilateral gracias a los imperios británico y norteamericano. Cada imperio ha creado su canon unilateral. Pero precisamente porque no formo parte de un imperio, exijo que el canon se fundamente en razones de excelencia y no en razones de predominio civilizatorio. Siguiendo la distinción alemana entre cultura y civilización que a veces es muy oportuna, diría que de excelencia cultural y no de predominio civilizatorio.

—El autor tiene que cargarse de vida, por ejemplo viajando. Sin embargo, viaja también por sus lecturas. Desde esta perspectiva, ¿el autor necesita patrones, tiene como lector una columna vertebral?

—No es que quiera poner ahora a los escritores a viajar; los quiero poner a viajar fuera de sus casas porque me da la impresión de que uno de los vicios que finalmente se convirtieron en autodestructivos de la figura del escritor moderno es que la incompatibilidad entre arte y vida, de la cual le gustaba hablar tanto a Thomas Mann, lleva a lo que llamaba antes el escritor tísico, cuya tendencia al simulacro para mí se ha hecho agotadora. Por tanto soy partidario de esta recontaminación de la vida y de que salga, que salga de su casa, que viaje, que viaje por su barrio, pero que viaje.

Y evidentemente, otra de las cuestiones en donde debería ser superado el prejuicio moderno es lo que podríamos llamar «ansiedad de las influencias». Aquello que podía caracterizar al escritor tradicional era precisamente que se dejaba guiar con gusto por la autoridad de las influencias. Y aquello que caracterizó la neurosis del artista moderno, fue el horror a la autoridad de la tradición y por tanto el énfasis en la originalidad. Una de las cuestiones que deberíamos revisar a fondo en la modernidad y en la cultura moderna es ésta. No solamente no creo que el artista debe estar preocupado por las influencias sino que debe ser muy consciente de que navega en un laberinto de influencias. El pintor debe ser un profundo conocedor de la historia de la pintura, y el escritor debe ser un profundo conocedor de la historia de la cultura en general, y de la historia de la literatura en particular. Por tanto deberíamos dotar de nuevo a la técnica literaria de una función reivindicativa, enlazar cultura y creatividad, y en cierto modo eso significaría oponer resistencia a esa literatura sin cultura que se está imponiendo muchas veces como puro acercamiento epidérmico. Soy totalmente partidario del escritor culto, sin que llegue a ser una rata de biblioteca. Culto en el sentido de la cultura de la vida y la cultura de la cultura. Un indagador en la propia cultura.

—*Antes te pregunté por un libro todavía no traducido. Ahora te pregunto por un libro olvidado que aconsejarías como lectura.*

—Los ensayos de Montaigne. Es un buen caso de autor muy citado, poco leído, pero además miserablemente editado fuera de Francia.

—*El mundo de las letras o de la cultura escrita marca cierta distancia a la cultura de la imagen. Evidentemente estamos viviendo una invasión del mundo audiovisual. ¿Cómo ves esta relación entre literatura e imagen fabricada?*

—En este punto sería muy crítico por un lado, pero por otro lado también muy prudente. Respecto a la invasión de esa especie de mezcla diabólica del siglo xx entre tecnología masiva de representación y *kitsch*, sería tremendamente crítico. Ahora bien, creo que los que nos movemos con la palabra escrita, deberíamos ser muchísimo más cautos y más audaces en nuestra relación con lo que llamamos cultura de la imagen. En primer lugar, porque esta relación ya es irreversible en el siglo xx gracias por ejemplo a la cinematografía. En segundo lugar, porque, como judeocristianos, tendemos demasiado a asociar imagen con ídolo. Y es una relación que efectivamente se puede dar, olvidando la idolatría que se produce también a través de las palabras.

La contraposición no es entre cultura de la palabra y cultura de la imagen porque las palabras, como han demostrado Karl Kraus, Canetti y tantos otros en el siglo xx, pueden ser tan portadoras de idolatría y tan portadoras de fetichismo y de manipulación como las imágenes. El verdadero antagonismo debería darse entre la cultura del simulacro y la cultura de la autenticidad. Además de ofrecer resistencia frente a la masividad del *kitsch* visual, defendería también una mayor capacidad de conversación entre la cultura de la palabra y la cultura de la imagen que tuvieran esa autenticidad como propósito.

—*Quisiera romper con las reglas de juego de las entrevistas. En mi opinión la lectura es siempre más fructífera cuando nos permite formular una pregunta que cuando nos da respuestas. ¿Qué pregunta le harías al lector de este libro?*

—Antes que nada te diré que esta paradoja que estás enunciando es la paradoja central del arte o de lo que yo llamo literatura, porque yo siempre distingo entre arte y máscaras del arte. Las máscaras del arte son sus ilimitadas encarnaciones, pero la paradoja del arte es ésta: ¿cómo responder a algo que tú sabes que son preguntas sin respuesta? ¿Me pedías una pregunta?

—*Sí.*

—Ésta. ¿Cómo responder a algo que no tiene respuesta?

BERNARDO ATXAGA

—*Intelectuales, profesores y críticos parecen preocupados por el destino del libro. Se habla del fin de la lectura, de la caída de la galaxia de Gutenberg. Sin embargo el mercado del libro sigue funcionando, las editoriales publican cada vez más títulos. ¿Cómo ves desde la perspectiva de autor el estado de salud del libro en estos momentos?*

—El problema es que los intelectuales, profesores y críticos tienen una acusada tendencia a salirse de lo concreto. Hablan, así, de temas que son como montañas, como continentes enteros; hablan por ejemplo de la muerte de la literatura o de la desaparición del libro, y uno tiene la impresión de que sus teorías se parecen mucho a esas maletas mal hechas donde la mayoría de las cosas están desordenadas y algunas colgando. La teoría es necesaria, desde luego, pero para llegar a ella hay que pasar por lo concreto. Hay que explicar por qué nadie leyó el año pasado un libro como *El proceso* de Kafka, o por qué se vendieron menos de diez ejemplares de una obra como *The sound and the fury*, o por qué, en cambio, se imprimieron miles de ejemplares de un libro cursi o protofascista, y luego, a partir de esas primeras explicaciones, elaborar una teoría más general.

Con todo, hay cosas que son evidentes. Es evidente,

por ejemplo, que la configuración del mercado del libro ha cambiado muchísimo, debido sobre todo a la concentración de poder económico, y que se ha pasado de un panorama de pequeñas empresas aisladas a otro donde reinan las diversas corporaciones. Es un cambio fundamental, porque las corporaciones tienen medios más que suficientes, publicitarios y de otra índole, para «conquistar los hogares» y para desalojar de los puntos de venta a los libros que no tienen defensa en la guerra mercantil. El autor fallecido, que no puede ser entrevistado, el autor ideológicamente poco aconsejable en esta nueva *pax* social en que vive Occidente, el autor que publica en una pequeña editorial de Pamplona o Zaragoza, casi no tiene papeletas. Lo más probable es que ni siquiera logre llegar a los que podrían ser sus lectores. Estos potenciales lectores suyos no se toparán con su libro ni por casualidad. Puede ocurrir, eso sí, que dicho autor disponga de una caja de resonancia capaz de hacerle sitio, tal como ocurre con los autores que publican en una editorial como Txalaparta, en el País Vasco, que cuentan con la simpatía política de un gran sector de la sociedad; pero casos así son raros.

Algunos poetas, como Hölderlin o Brecht, se preguntaron sobre cómo debían cantar en tiempos de iniquidad. Los autores actuales siguen preguntándose lo mismo, pero con el ojo puesto en esas corporaciones que tanto pueden influir en su vida y en su obra.

—*Los periódicos, cuando publican el listado de* bestsellers *suelen distinguir entre ficción y no ficción. Entre creación o imaginación y reflexión o pensamiento filosó-*

fico, ¿dónde situarías la literatura? Por otro lado, la distribución tradicional de los géneros literarios en drama, poesía y narrativa, ¿sigue siendo válida hoy en día?

—Se hacen esas distinciones y podrían hacerse muchas más. Podrían distinguirse ensayos como los que suelen figurar en las listas, títulos como *Mujeres que conquistaron España* o *Qué malos son los vascos*, de otros como *El imperio de los sentidos* de Barthes o los dedicados a la poesía de Valente.

De todos modos, creo que hay una cierta verdad en la distinción, y que la literatura se inscribe, como escribió Plá, en el universo de lo concreto, de todo aquello que nos entra por los sentidos, y que no llega muy lejos cuando se mueve en el territorio de lo abstracto. ¿Quién puede leer ahora una novela como *La náusea* de Sartre? Se puede leer su ensayo sobre Genet, pero no su novela, a mi modo de ver extraordinariamente opaca. Pero, en fin, también es verdad lo contrario, que hay una hibridación entre los géneros, y que historiadores como Duby o helenistas como García Gual publican ensayos que son una delicia para el lector; delicia que anteriormente sólo encontrábamos en relatos como *Carmen* o en autores como Radiguet.

Personalmente, he practicado bastante la mezcla de géneros. Publiqué un libro de poemas titulado *Poemas & Híbridos*, con textos tan difíciles de clasificar como el titulado *Henry Bengoa, Inventarium*, y mi último libro, *Lista de locos*, va también por esos derroteros. Y digo «derroteros» porque, en la época de las corporaciones y los grandes números, libros así, experimentales, siempre implican un grado de derrota. Una buena parte del público, la que siempre y en todos los formatos quiere el mismo cuento, no está para novedades o trascendentalismos. En cuanto a los críticos, lo experimental les pone en general un poco nerviosos, y se enfrentan a ello con el espíritu de aquellos que escribieron sobre Cristobal Colón diciendo, en un primer momento, que no era verdad que hubiese descubierto América, para afirmar a continuación que sí, que era verdad, pero que el descubrimiento carecía de importancia; corrigiéndose, por fin, en un tercer momento, y estableciendo el definitivo juicio de que se trataba de un descubrimiento importante, pero que no lo había hecho él, el pobre Colón. De todas maneras, para algunos escritores este lado experimental es muy importante. Es bueno tener un laboratorio en casa. Se prueban materiales que quizá luego sirvan para escribir novelas o poemas. Y si hay un poco de suerte se acaba inventando algo.

—*La madre de las musas era Mnemósine y aunque podamos seguir hablando de inspiración poética, la literatura está fuertemente ligada a la memoria. ¿Qué relación piensas que mantiene la literatura con la memoria? ¿Dónde situarías al autor, al lado del historiador o del fabulador?*

—Si no recuerdo mal, junto a la fuente de la Memoria existía la del Olvido. El autor debe, quizá, beber de las dos, porque de lo contrario no aprenderá a separar el metal de la ganga. Personalmente, apunto pocas cosas en mis cuadernos. No soy de esa clase de personas que aterrizan en Nueva York y empiezan a tomar fotos y notas en cuanto se suben al taxi.

Pasando a un terreno más concreto, es obvio que existe una relación estrecha entre la literatura y la experiencia. Hay una literatura confesional, al estilo de Rousseau, que cada vez tiene más fuerza. Y está también la literatura de los escritores judíos como Primo Levi o Singer, que trasciende lo personal. Incluso en autores como Borges, que pasan por ser intrínsecamente literarios, sin apenas referencia a lo real, existe memoria. Y no sólo en su poesía, donde aparece en un alto grado, sino también sus cuentos. Tuve la oportunidad de escuchar la grabación de seis conferencias que él impartió en Buenos Aires allá por 1965, y me quedé sorprendido de sus explicaciones acerca de cuentos como el titulado *El hombre de la esquina rosada*. El protagonista era un «guapo» que él había conocido de muy cerca.

De todas formas, lo importante no es la memoria, la experiencia que se recuerda, sino la forma de entender eso que se recuerda. Para mí, ésa es la clave: cómo se entiende, con qué teoría se «recoge» el recuerdo. Por poner un ejemplo cercano, pude escribir *Obabakoak* porque el estereotipo folklorizante con el que se explicaba el mundo en el que yo había nacido me resultaba, además de trivial, absolutamente inexacto. Lo que se decía en los periódicos o en los documentales sobre los *haizkolari*, por ejemplo, no coincidía con lo que yo sentía al ver que el filo del hacha golpeaba a unos pocos milímetros del pie desnudo del deportista.

—Los grandes debates entre vanguardismo y tradicionalismo, sobre los «ismos» en general, se han calmado en los últimos tiempos. La postura estética ahora es una

cuestión personal de cada autor. ¿Cómo ves esta situación?

—Se supone que en un mundo democrático, caracterizado por la palabra, por la libertad de hablar, debería haber debates; no grandes debates—vamos a dejar éstos para la televisión y para temas como: ¿Debe dimitir el presidente de los Estados Unidos por el asunto Monica Lewinski?—, sino pequeños o medianos debates sobre casi todo. ¿Los hay? Yo no tengo constancia de ello. De vez en cuando surgen orquestas que tocan algún tema—el nacionalismo vasco, he ahí uno de los últimos—, pero sin dar muchas oportunidades al contrapunto. En general, habla el poder por sus distintas bocas, y el resto otorga.

Esta situación podría trasladarse al campo de la literatura sin mayor violencia. No hay debate que dos días dure, ni siquiera en el mundo de la poesía, el más conflictivo. Pero quizá esté equivocado. Quizá los haya, quizá el caso del centro *Arteleku* de San Sebastián—donde se celebran seminarios de gran interés—no sea excepcional; pero no trascienden, no resultan audibles. La industria cultural hace mucho ruido, y no deja oír.

De todas formas, los debates tienen una importancia secundaria. Más importantes son las experiencias por las que uno pasa, las lecturas, las horas dedicadas a la escritura, las conversaciones que se mantienen con la gente que sentimos cercana. Y lo más importante de todo es lo que decía aquel cantaor flamenco: «Sentarse en una silla y ponerse a pensar.»

—*Si no ando equivocado, también parece haberse calmado el debate sobre la literatura comprometida. ¿Cómo definirías la responsabilidad ética del escritor en nuestro tiempo?*

—Es difícil hablar sobre esta cuestión, tan compleja. Obviamente, el escritor tiene en principio la responsabilidad ética de todo hijo de vecino. Pero existen, además, dos preguntas en las que él debe dar una respuesta: ¿Cómo ser escritor, a partir de qué modelo? ¿Cómo escribir, a favor de qué visión del mundo?

Tradicionalmente, el escritor comprometido ha sido una mezcla de reaccionario y progresista. Reaccionario porque, como bien se ve en casos como el de Neruda, adoptó un modelo de ser escritor—el romántico—que lo convertía en una suerte de aristócrata o príncipe, en un sujeto por encima del bien y del mal; progresista porque, en la mayoría de los casos, contribuyeron a la lucha antifascista.

En la actualidad, hay mucho fariseo: fariseos *metaforistas*, que responden con gracia poética a toda pregunta comprometida; fariseos que no se aplican su propio cuento y olvidan en la labor diaria la rectitud que continuamente piden a los demás; fariseos a los que se podría colocar el mismo epitafio que a Mussolini: «Con los débiles fue un león, con los poderosos un cordero»; el fariseo satisfecho de sí mismo, que cree que la responsabilidad ética es un problema del otro (del escritor vasco, por ejemplo), pero, en fin, tampoco quiero exagerar.

Hay muchos escritores que escriben y actúan en favor de una sociedad más libre e igualitaria. En rigor, la cuestión es ahora más complicada que antes. Ya no hay un horizonte utópico claro, y la versión dominante de la realidad es ampliamente apoyada y aceptada. Aquél que no la comparta, que se ande con cuidado. Ahora no se secuestran libros, simplemente se anulan.

—*La llegada de literaturas «periféricas», ¿ha modificado en algo nuestra concepción de la tradición literaria europea o nuestra manera de escribir o de leer?*

—Sobre lo periférico habría que decir lo que creo que una vez escribió Quim Monzó, que todas las literaturas son a la vez centro y periferia. Un escritor como él, que escribe en catalán y publica en Barcelona, ocupa sin lugar a dudas un centro, aunque luego, al ser traducido y leído en Madrid o Sevilla, adquiera un cierto sabor a periferia. Pero lo mismo le ocurre probablemente a un autor de Madrid o de Bilbao cuando es traducido al catalán y publicado en Barcelona, que también adquiere ese sabor. Alguien dirá que el viaje de Bilbao o Barcelona a Madrid —y de Madrid al cielo de París, Londres o Nueva York— es el verdadero viaje al centro, y puede que tenga algo de razón, porque los enclaves de poder económico y político pesan mucho e influyen enormemente en el éxito de un autor en su propio país y en su propia ciudad. Recuerdo, en este sentido, lo que respondió Joan Brossa a una pregunta sobre su obra: «Lo único que me ha faltado para tener éxito en Barcelona es haber nacido en Nueva York.» De todos modos, el centro más importante de un escritor está donde sus lectores, y en ese sentido nunca es periférico.

Por otro lado, si su pregunta era más amplia y se refería a la literatura que ha llegado a Europa desde Asia, África o Latinoamérica, es decir, de las provincias del imperio a las diversas metrópolis, la respuesta es que sí pero que no. Ha habido algunas aportaciones a la tradición, por ejemplo en el caso de algunas formas poéticas como el *haiku*, pero, en lo fundamental, la tradición heredada, una tradición universalmente válida y no de patrimonio europeo—¡ya está bien de nacionalismos europeístas!—es lo suficientemente grande y poderosa como para no ser fácilmente modificada.

—*Como autor, ¿te sientes miembro de una tradición universal, nacional o local?*

—Como autor, yo soy como todo el mundo. Pertenezco a una tradición universal, pero debido a la fuerza de la gravedad y a la carencia del don de la ubicuidad, vivo pisando una tierra concreta y me siento unido a escritores que, como Lizardi o Aresti, nada dicen a otros que, por la misma fuerza de la gravedad y la misma carencia del don de la ubicuidad, viven pisando otra tierra.

—*Una pregunta muy concreta, ¿se te ocurre un buen libro que todavía no se haya traducido al castellano?*

—Si de traducir al español se trata, traduciría la poesía de Joseba Sarrionandia, Koldo Izagirre y otros poetas vascos, y la prosa de Jose Mª Iturralde, Aingeru Epalza y Harkaitz Cano. Del inglés, el libro de Frederic Jameson *Postmodernism*. También me gustaría que hubiese más antologías como la que Francisco Uriz hizo de la poesía del norte de Europa.

—*Como lectores, ¿necesitamos alguna orientación o algún canon?*

—Naturalmente que necesitamos una orientación, pero la que nos llega de los *amateurs* de la literatura. Personalmente, yo estoy muy agradecido a algunos críticos, y también a los antólogos. Me encantan las antologías, me dan pistas que por mí mismo tardaría años en encontrar. Ahora bien, lo del canon es otra cosa. Detesto que alguien me diga: «Estos son los diez libros fundamentales del siglo XX.» Lo serán para usted, caballero, pero a mí déjeme en paz, que ya sé pensar solito.

—*Por debajo de las «cumbres» de la literatura siempre encontramos autores poco difundidos pero de gran valor. ¿Podrías recomendar algún libro o a algún autor que no esté en primera fila?*

—Bueno, ahí está Virgilio. El cuarto canto de las *Geórgicas* es maravilloso. Alguien debería promocionar ese libro y ponerlo en las librerías donde brilla por su ausencia, que son infinidad.

FÉLIX DE AZÚA

—*La Feria del Libro de Frankfurt recibe cada vez más visitantes, los editores publican cada vez más títulos y, sin embargo, suele vaticinarse la muerte del libro desde los círculos intelectuales, lo cual no deja de ser paradójico. ¿Cómo ves el estado de salud del libro?*

—La transformación principal ha sido la construcción del libro como mercancía generalizada. Hace cincuenta años no era así en España y hace cien tampoco lo era ni en Inglaterra ni en Francia. Si no recuerdo mal las primeras ediciones de bolsillo datan de mediados de siglo.

Así pues, aparece una posibilidad industrial para el libro de calidad, el libro literario. Eso ha trastocado completamente nuestra relación con la edición. A los editores les ha cambiado la existencia, pero también a los autores.

En la actualidad hay que distinguir entre un resto de inercia que en cierto modo todavía responde al mercado anterior—que trabaja sobre la calidad y al que le auguro un mal futuro—, y por otro lado el trabajo general de mercado que es cada vez más obediente, por decirlo de alguna manera. Si se compara por ejemplo la novela de calidad francesa, inglesa, italiana, española, con la de hace cincuenta años, se advierte un acomodo de los autores a ese mercado. En este momento prácticamente todos los editores te dirían que un libro como el *Ulysses* de Joyce sería muy difícil publicarlo. Si se publicara tendría muy poca venta, y hasta que se enterara la sociedad de que ese libro existía, desdichadamente el libro ya estaría guillotinado. Los libros ahora duran en la librería quince días, y en la editorial seis meses. Hay editoriales que guillotinan incluso a los cuatro o cinco meses. Deshacen el libro. Ésa es una imposición material; no tiene remedio, y por lo tanto, el análisis es doble.

Primero, ¿qué hace el literato «artista»? Pues seguir trabajando como si no pasara nada, lo mismo que hacían en la Edad Media cuando no existía la edición, y aparecerá un mecenas.

Segundo, ¿qué sucede con el mercado? El mercado es omnipotente, no puede uno oponerse a él y la única esperanza es que a través de los mecanismos informáticos llegue un momento en que se pueda regresar a ediciones electrónicas virtuales, muy minoritarias. Pero muy minoritarias en el mercado Internet pueden ser millones de consultas. Cabe la posibilidad de que la poesía, la prosa de calidad o el ensayo filosófico no sostenido por la universidad, se refugien en futuras redes de consulta de clubs privados. Los que trabajamos en la universidad consultamos a los autores que nos interesan por Internet, mucho antes de que salga el libro.

Eso puede suceder fácilmente con la literatura. Será curioso. No soy nada apocalíptico. Vivimos efectivamente en un cambio de era y no tenemos ni idea de por dónde va a ir. Estamos al principio. Somos primitivos de nuestra era. Todo está aún confuso, pero los mecanismos que están apareciendo permitirán la pervivencia de trabajos en profundidad. Hace diez años uno podía dudar de que fueran a sobrevivir estas prácticas; pero sí, la técnica va a posibilitar que eso permanezca aunque sea como un refugio, un *ghetto*, tal como lo fueron los conventos medievales en donde se había refugiado la lectura y fuera de allí no existía vida intelectual.

—*De algún modo estamos volviendo a los salones y círculos de lectores de finales del XVIII*

—En parte ahora cuando entras en Internet hay salones de ese tipo. Algunos muy frívolos, muy tontos, otros muy especializados, de una tecnicidad tremenda. Por ahí puede haber una salida. En el mercado normal es casi imposible porque la vida del libro es cortísima ahora y una literatura de una cierta dificultad necesita tiempo para imponerse. Y el mercado no lo permite.

—*¿Cómo definirías la relación que mantiene la creación literaria con el pensamiento filosófico, con la reflexión?*

—Voy a referirme a la prosa porque la poesía es algo muy aparte. La narrativa moderna, si la situamos en Cervantes, Defoe, etc., ya nace con esa impregnación filosófica. La diferencia entre la narración moderna y la narración antigua es que ésta eran crónicas, aventuras, las crónicas de Chrétien de Troyes, las aventuras de la mesa redonda, o los libros de caballerías. En cambio lo que traen Cervantes, Defoe, etc., es justamente una narración que sube un peldaño y que se plantea ya como un trabajo muy intelectual. De hecho no se puede llamar filosofía lo que hacen, pero está mucho más próximo al pensamiento que la vieja narración medieval de tradición oral, de aventuras.

Ese principio se va intensificando de modo que al llegar a nuestra propia modernidad los elementos clave bordean la filosofía. Proust desde luego, Kafka sin duda, Dostoievski lo mismo. Y junto a eso pervive la vieja tradición de las aventuras caballerescas. En la actualidad están al cincuenta por ciento. El último autor—de los muertos, no de los vivos—que me ha interesado era Thomas Bernhard. Me interesaba tanto por razones moral-filosóficas como Dostoievski o Borges, como por razones de argumentación o de temática, aunque era mucho más fuerte la carga moral. Eso no quita que sigan existiendo novelistas de la pura aventura, del puro desarrollo, que son evidentemente los que se quedan con el mercado. Porque efectivamente las sociedades evolucionan de una manera lentísima y parece que la pervivencia del cuento es indestructible, sigue siendo el grueso de la necesidad lectora.

Los autores de calidad se han ido haciendo cada vez más filosóficos, y viceversa, la filosofía se ha ido haciendo sorprendentemente cada vez más literaria. Ya era muy literario Nietzsche o Schopenhauer; incluso Wittgenstein es a su manera un poeta. En la actualidad los deconstructivos, los derridianos, ya están implicados directamente en la literatura. O autores como Barthes uno no sabe si son literatos o filósofos. En esa confluencia sí creo que termina el proceso intelectual, aunque el fondo mismo, el fondo arcaico de la narración de aventuras, de espadachines, de conquistas, pervive y pervivirá, quizá cada vez más como un género: la novela policíaca, la novela de aventuras, la novela de iniciación. Pero en el lado de la calidad, la frontera entre filosofía y literatura la veo muy diluida, no sólo por el lado de la literatura sino por el de la filosofía.

—*¿Podríamos cambiar el famoso lema de los marinos: «navigare necesse est» por el de «narrare necesse est»?*

—Soy profesor y tengo cada año unos doscientos alumnos. Se nota cada vez más una especie de necesidad generalizada de literatura moral. Algunos de los filósofos más literarios, como Fernando Savater, son los grandes vendedores de filosofía de la España contemporánea. Otros filósofos son excesivamente rigurosos al opinar que eso es periodismo. Será periodismo, pero es absolutamente imprescindible. Ese tipo de narradores, incluso más primitivos como *El mundo de Sofía*, son navegaciones que prescinden de contenidos inmediatos de la experiencia que no sean contenidos intelectuales. Es muy sorprendente que eso lo lean los jóvenes, y que vaya *in crescendo*. En mi generación habría sido impensable. Cuando teníamos 18 o 19 años, leíamos o novela o filosofía, pero nunca un híbrido, que existía, pero que nunca leíamos. Todo lo contrario, sentíamos un cierto rechazo.

—*A la hora de elegir el estilo o el género, ¿distingues entre la reflexión que introduces en la novela o en el poema?*

—La poesía la dejé hace veinte años. La dejé porque es lo que más me interesa, lo que más me gusta. Sentía un enorme respeto y me parecía que estaba imitando a poetas y no haciendo poesía. No son buenos tiempos para la lírica y es realmente muy difícil que aparezca un buen poeta, no sólo porque no los haya, sino porque incluso aunque los hubiera, sería muy difícil su difusión o el acceso a ellos.

Hace treinta años estaba viviendo en París. Allí, cuando hablabas de literatura, todo el mundo daba por supuesto que te referías a los poetas, Breton, Aragon, Artaud, y si decías: «no, la novela», exclamaban con sorpresa: «ah!, la narration!». Era otra cosa, más bien de orden sociológico. Esa visión ha desaparecido. La poesía ahora es una especie de comunidad secreta. Dejo la poesía a un lado porque no me atrevo a hablar de ella.

Las primeras novelas que escribí eran de una literaturidad exagerada, muy influidas por las escuelas francesas, por *Tel Quel*, Sollers y toda esta gente. Eso se terminó en la tercera novela. Entonces comencé a escribir de nuevo; fue como aprender a escribir, como un niño que aprende a dibujar. Llevo ya cinco o seis y todavía no he aprendido. Pero en esa segunda etapa tenía claro que si yo escribía novelas era para dejar un testimonio moral al estilo de Bernhard. Es decir, no quería escribir novelas de entretenimiento en sentido estricto, ni de aventuras, ni siquiera novelas «bien escritas». Me interesaba mucho más el testimonio moral.

Mis modelos no eran ni Graham Greene ni Hemingway, sino que me encontraba más cerca de Dostoievski, naturalmente inalcanzable. No me importa tanto quién me lea como el efecto moral que mi obra pueda producir a lo largo de unos años, pocos, porque ya no van a existir las grandes reputaciones duraderas. Empecé a practicar de nuevo el oficio con esta finalidad. Me sale más o menos mal. Me critican sobre todo que se nota la presencia de unos contenidos intelectuales muy evidentes que molestan a la narración. Soy consciente de ello pero quiero que estén. No puedo hacer como Tolstoi que en medio de una carga a caballo se paraba de pronto a explicar los contenidos filosóficos de la guerra desde Grecia hasta sus días. En cambio, yo lo entremezclo. No es por falsa modestia, pero debo confesar que no lo hago todavía bien. Algún día lo conseguiré, y si consigo una novela bien hecha de ese tipo, una novela que no le dé vergüenza estar al lado de Bernhard, me daré por satisfecho. Con una tengo bastante. Él escribió veinte.

—*Estás en la línea de Thomas Mann que afirmaba que el escritor no es una persona que domina el idioma, sino que tiene muchísimas dificultades con él.*

—Exactamente. Y además los que no tienen dificultades, los que tienen una gran facilidad pueden encontrarse con verdaderos problemas. Fui íntimo amigo de Juan Benet, que para mí es el mejor prosista de la España contemporánea junto con Ferlosio. Tenía una facilidad asombrosa. Volvíamos de cenar y de tomarnos bastantes copas, llegábamos a su casa, él se iba arriba, se ponía a la máquina, y comenzaba a escribir. Era una cosa asombrosa. Un poco como Faulkner. Pero tanto a Faulkner como a Benet esa facilidad les entorpecía. Benet, por ejemplo, no llegó a construir una novela definida y bien delimitada después de *Una meditación*. Precisamente por eso, porque escribía torrencialmente. En el último Faulkner, en *Una fábula*, por ejemplo, se aprecia ya ese desperdigamiento. Las otras están a veces genialmente cerradas pero notas las dificultades de alguien que escribe a borbotones. Reconozco que tengo enormes dificultades, corrijo muchísimo, me trabo, a veces paso meses sin poder escribir porque no sé resolverlo. Soy un artesano, no pretendo ser Faulkner.

En poesía no todo lo controla el poeta. En Hölderlin, Rilke, incluso en Machado, Rimbaud, incluso Mallarmé, no todo está controlado por el poeta. Hay allí un elemento externo que los antiguos llamaban las musas, los románticos inspiración, y que nosotros quizá podríamos denominar juego lingüístico libre, que va más allá del poeta.

En prosa eso sucede menos, sólo en momentos determinados. El recorrido debe controlarlo el prosista. Al prosista que no lo controla se le acaba notando, incluso aunque no haga una prosa «artística» sino simplemente una novela de aventuras o policíaca. En algún momento puede dejarse llevar por la inspiración. Eso puede sucederle hasta a un Raymond Chandler. En alguna de sus mejores novelas hay más de un muerto sin asesino.

En la poesía es una virtud lo que en la prosa puede ser un defecto. Tampoco lo afirmaría de una manera rotunda porque en prosa los errores que hay, el escritor los corregiría si pudiera. El célebre salto de unos meses que se produce en *Anna Karenina* que no está en ningún sitio, ¿lo quiso así Tolstoi? El cambio de personalidad de uno de los protagonistas de *Demonios*, Nikolai Stavrogin, que comienza siendo príncipe y acaba siendo conde o barón, se sabe que fue un error de Dostoievski. Si hubiera podido lo habría corregido.

En la prosa se producen también esos errores debidos al arrebato en los momentos de una escritura casi automática que luego requiere una reelaboración. Por muy sorprendente que pueda parecer, las leyes internas de la prosa son infinitamente más rigurosas que las de la poesía. Un ejemplo lo tenemos en Joyce. En el *Ulysses*, que es un inmenso fichero de estilos, proposiciones prosódicas, gramaticales y sintácticas distintas, hay muy pocos errores. Es algo extraordinariamente sorprendente. En Rimbaud, en Rilke, el margen de inconsistencia que a veces es pura oscuridad, no sólo no es molesto sino que misteriosamente ayuda a veces al poema: ¿qué quería decir este verso, cómo podemos relacionar este sujeto con aquel calificativo?

—*El debate sobre la literatura de compromiso se ha calmado en los últimos años. Cuando hablas de un testimonio moral, ¿te refieres también a la responsabilidad ética del escritor en nuestros tiempos?*

—Ese matiz es importante. Al hablar de testimonio me refería estrictamente a un testimonio moral. En este sentido, quizá la más grande obra de prosa que jamás se ha escrito, la *Historia verdadera de la conquista de la Nueva España* de Bernal Díaz del Castillo, uno de los exploradores que fue con Hernán Cortés, es un testimonio moral. Desdichadamente, como está escrito por un español, pues no se le ha hecho demasiado caso, pero a mi entender está a la altura de *La Ilíada*. Bernal Díaz, que tenía casi ochenta años, comienza su libro diciendo: «A la vista de todas las mentiras que se han dicho sobre lo que sucedió en aquellos años en los que íbamos jóvenes aventureros por lo que serían Las Indias, he decidido explicar mi versión de los hechos.» Es un testimonio moral, no un juicio ético.

El juicio ético implica una posición concreta con respecto a los contenidos de tu sociedad: la legislación, el sistema jurídico, la lucha de clases, etc. Esa parte no me interesa. Además no creo que tenga una función relevante dentro de la literatura. Detesto la literatura *engagée*. Las peores novelas que se han escrito en Europa en este siglo son las de Jean Paul Sartre. Son horrendas. O las de nuestros pobres y bien intencionados realistas de los años 50. Son novelas terribles que demuestran lo malos que son los americanos y lo buenos que son los pobres. Esto es un juicio ético; en cambio el testimonio moral consiste en presentar con una encarnadura unos personajes, que son un modelo moral de conducta dadas las circunstancias. Lo que el novelista conoce son esas circunstancias que le ha tocado vivir: aquí es donde interviene su memoria. Sobre esas circunstancias, él propone una conducta con una exposición bella. Así contemplo a Dostoievski, a Proust, a Joyce, a Kafka. Los veo como propuestas morales.

—*Pasemos de la ética a la estética. El debate entre vanguardias, tradicionalismos y otras escuelas literarias, se ha calmado también. Cada uno escribe a su manera y no hay debates como hace veinte años. ¿Cómo ves esta situación?*

—La veo muy beneficiosa. En clase utilizo un término que muchos otros odian: «posmodernidad». Lo empleo exactamente con el sentido de fin y acabamiento de la tradición romántica que llega hasta las vanguardias en donde ya no hay artes concretas como pintura, escultura o carpintería, y novela, etc., sino que lo que hay es el Arte, con una responsabilidad gigantesca en la sociedad y como si llevara sobre sus espaldas el destino de Occidente. Esa es la posición del Romanticismo y luego de las vanguardias que se plantean a sí mismas como grandes renovadoras de la vida humana y hacen propuestas éticas, no morales.

A partir de los años 50 ese ciclo termina y desaparecen los utensilios valorativos de tipo ético. Es decir, ser de vanguardias ya no es ser un hombre progresista y de izquierdas, y pintar bodegones ya no es ser de derechas y fascista. Afortunadamente eso se termina, aunque todavía queda mucha gente que sigue haciendo esas relaciones. Es sorprendente que no se den cuenta de que defendiendo la novedad se están convirtiendo en dinosaurios, en seres arcaicos.

Al desaparecer esa tremenda presión ética, desaparecen por un lado los criterios de calidad—lo cual es notable en la crítica, en la ensayística, es muy difícil establecer criterios de calidad—, pero por otro lado se permite de nuevo el libre juego de la propuesta. El autor entonces ya no debe preocuparse de si está cumpliendo con un catecismo sino que puede atender a algo que sí es importante: lo que define el viejo término de «novedad» o de «originalidad», que no es un término romántico sino del Renacimiento.

Si buscamos calidad, al artista se le ha de exigir que su propuesta no sea ni una repetición ni una imitación.

Sin embargo—y aquí radica la contradicción—, lo que funciona mercantilmente es precisamente la copia, la imitación, lo que no trae ninguna novedad. Esa es la paradoja con la que tiene que vérselas un novelista. Desde luego muchos novelistas jóvenes en este país están cayendo en la repetición de modelos arcaicos porque es lo que se vende, y lo hacen sin ninguna ambición, por fortuna, algunos se salvan.

Para que haya calidad, la propuesta artística ha de ser necesariamente una que te permita reordenar tu imaginario, no repetirlo. Repetirlo es un entretenimiento.

—Un poeta como Hölderlin era relativamente conocido en su época, pero se le descubre a principios del siglo XX. Podría haber algún innovador, un Joyce, en la actualidad que no sea reconocido, y ¿quién lo descubre después?

—Es muy posible que vuelva a darse esa situación. Son periodos de manierismo, momentos de transición o transitivos en que realmente hay enormes dificultades para que la mirada hacia adelante sea vista por aquellos que sólo ven la mirada hacia atrás. Como el ángel de la historia de Benjamin que avanza de espaldas al futuro y tiene la mirada fija en el pasado. Al igual que en esta imagen, hay momentos en las grandes transiciones en los que la sociedad—la clientela—, sólo tiene la mirada puesta atrás y no ve el movimiento hacia adelante. Estamos en un momento así. Lo veo por ejemplo en las artes plásticas, en la arquitectura y en la pintura. Se trata de un momento manierista de repetición variada, con pequeños matices y cambios, pero sin una aportación sólida.

—*La literatura de las «periferias», ¿ha fomentado desde fuera una renovación de la tradición europea?*

—Es un fenómeno un poco engañoso. En efecto, buena parte de la literatura de calidad tanto en novela como en poesía viene sobre todo de países llamados del Tercer Mundo, la India, determinados países africanos, América del Sur. Pero es engañoso porque las novelas de calidad de indios o pakistaníes, por ejemplo, son de autores que han estudiado en Oxford, para entendernos.

En *Les illusions perdues* de Balzac tenemos un testimonio claro del momento de la expansión de la metrópolis. Los muchachos que venían de provincias a instalarse en París comenzaban carreras frenéticas, eran trepadores sociales. Trabajaban en periodismo, escribían libros, pintaban; eran las grietas por las que podían ascender, no había otras. *Les illusions perdues* explica maravillosamente la carrera meteórica del personaje que es poeta cuando sale de su pueblo y quiere ser poeta en París. Pero acaba allí de banquero.

Ahora sucede algo así. Muchas personas de talento de esos países acuden a las metrópolis y comienzan carreras de ascenso en los lugares en donde tienen esa posibilidad. En otros lugares no les van a aceptar. No vamos a ver jamás a un pakistaní dirigiendo el British Council o la BBC. Pero en cambio sí pueden perforar por el lado de la narrativa.

Hay un movimiento sociológico que produce que muchos talentos vayan llegando, y esos talentos son aprovechados. En la literatura española es evidente la aportación gigantesca que hicieron los latinoamericanos en los años 60, 70 y 80. Todo eso se produjo en Barcelona. Ellos ya habían editado en sus países de origen, pero sólo cuando vinieron aquí se convirtieron en autores universales.

Es un fenómeno muy similar al del siglo XIX en el momento de expansión de las metrópolis. Hay un centro receptor y talentos de provincias, que llegan y se instalan. Lo veo desde un punto de vista sólo sociológico. No creo que tenga otras implicaciones, como que la narración sólo puede florecer en aquellos países de la periferia.

—*Personalmente, ¿te definirías como autor de una tradición universal, nacional, local?*

—Autodefinirse es siempre erróneo. La definición de uno mismo es un trabajo que se hace siempre desde fuera. Son los otros los que nos definen. Estoy persuadido de que los escritores no tienen la menor idea de lo que escriben; controlan su trabajo, pero nunca saben cómo va a ser interpretado o leído. Si ahora resucitara Proust y viera alguno de los trabajos que se hacen sobre sus novelas se quedaría perplejo.

La literatura se construye tanto desde fuera como desde dentro, tanto por el lector como por el escritor. Ahora bien, como aspiración, evidentemente en mi caso no cabe otra que la universalidad. La literatura localista no me interesa en absoluto. Sobre todo en España ha sido una literatura desdichadamente asociada a lo peor. Es la tradición ultracatólica, conservadora, de novela rural llena de curas y de monjas, es monstruosa. Y en la actualidad tiene muchas connotaciones también de tipo nacionalista que a mí no me interesan nada. No obstante, una buena narración ha de tener un anclaje muy sólido. Hay dos tipos de anclaje muy sólidos.

Uno, Joyce, exiliado toda la vida, pero con un Dublín de fotografía, absolutamente palmo a palmo, es decir, una universalidad concreta. El otro caso, Kafka por ejemplo, es una universalidad abstracta, de un universo más propiamente lingüístico, pero transparente y de ningún lugar concreto. Para la obra de Kafka o la de Borges, sí sería productivo un análisis estrictamente formal de su obra porque son montajes extraordinariamente complejos que en una lectura no se ven.

Calvino es otro caso que también me gusta mucho. Pero si tuviera que elegir, mi modelo sería el Dublín de Joyce.

—*¿Se te ocurre algún libro de una literatura extranjera que no se haya traducido todavía?*

—Los breves ensayos de Julien Gracq. Son literatura y son ensayos. Es indistinguible la parte literaria de la parte ensayística. Son muchos y no se ha publicado ninguno aquí. Hay dos volúmenes que a mí me gustan mucho, *Lettrines*, jugando con las letras pequeñitas y las letrinas. Es uno de los grandes artistas vivos, de los pocos que quedan, con un rigor tremendo.

—*¿Necesitamos un canon?*

—Sí. Sólo los *snobs* están en contra de los cánones. Lo principal es que haya muchos. Uno sólo, y sobre todo cuando es un canon proveniente del estado, es fatídico. La manera de enseñar la literatura en las escuelas y en la universidad es fatídica. No debe haber un canon oficial, pero sí muchos cánones. Todo escritor debería proponer su propio canon, porque es lo que te da mayores indicaciones sobre un autor.

Los estudiantes lo necesitan sin duda. El bombardeo de información es tan monstruoso que los que tenemos responsabilidades pedagógicas o periodísticas necesariamente debemos decirles que hay diez obras que si uno se muere sin haberlas leído, se muere idiota, como quien se muere sin haber conocido el mar. Pero esos cánones deberían hacerlos los que aman la literatura. No los profesionales de la literatura, profesores o ministros o secretarios de educación, o universidades, no. Los escritores sin duda.

—*Habría que hacerlo a la manera del libro de Daniel Pennac,* Como una novela.

—Sí. Curiosamente este tipo de información tiene un funcionamiento inmediato. Hay una modestia sociológica admirable a la que se corresponde una respuesta directa que me emociona. El último libro que he publicado es una recopilación de lecturas, *Lecturas compulsivas*. Son comentarios sobre Dostoievski, Kafka, etc. Y las ventas han sido cuantiosas. A veces me encuentro con gentes que se lo han leído y les pregunto el porqué de su lectura. Me suelen contestar que hay tantos libros por leer que ni siquieran entran en las librerías porque se asustan. No saben por dónde comenzar, y les interesa mucho que les orienten. Releían o leían por primera vez a Dostoievski. Eso es admirable. Habremos vendido unos diez mil ejemplares. Sólo con que quinientas personas de estas diez mil hayan comprado un libro de los citados, ya es gratificante.

—*Hablaste de diez grandes obras cuya lectura es imprescindible. Sin embargo, estarás también de acuerdo en que hay autores que permanecen en segunda fila y que merecen ser leídos. ¿Se te ocurre alguna obra considerada fuera del canon para aconsejar?*

—Muchas. Las hay que son pequeñas joyas, como una breve novelita, la única que escribió Benjamin Constant, titulada *Adolphe*. Es una novelita extraordinaria, de sesenta páginas y muy poco conocida. Como esa hay miles. Incluso dentro de lo que es subliteratura. Ahora todo el mundo conoce a Michael Crichton por *Parque Jurásico*. Lo que poca gente conoce son los primeros libros que escribió al principio de su carrera, entre los que hay uno que para mí es una obra maestra que se llama *Entre árabes y vikingos*. Es una obra maestra de entretenimiento que podría estar al lado de Stevenson. Es un árabe que está navegando para llevar unas mercancías a Bizancio. Naufraga, lo salvan unos vikingos y se lo llevan. Es toda la historia de la adaptación del árabe a los vikingos y de los vikingos al árabe.

—*Hablando de* Parque Jurásico, *del cine y del libro, ¿cómo ves la relación entre la imagen fabricada y la imaginación literaria? ¿Hay una invasión de lo visual?*

—Ése es el punto más complicado, algo que no tiene remedio. Los jóvenes serán eminentemente visuales. La visualidad desdichadamente decrece el intelecto o lo contamina y dificulta también el análisis. Sólo la lectura y el habla—muchas veces se olvida que también está desapareciendo el habla—son las que permiten articulaciones complejas, razonamientos un poco severos, encadenamientos, subordinadas, por ejemplo. En la actualidad hay muy pocos estudiantes que sepan escribir frases con más de una subordinada. Está desapareciendo la hipotaxis.

La imagen aplasta, es muy concentrada y difícil de analizar, sobre todo cuando es muy rápida, ni siquiera hay tiempo para saber lo que has visto. Eso va a provocar varias generaciones analfabetas. Lo digo con absoluta tristeza pero creo que será así y se nota ya. Sólo se va a salvar la minoría que tenga unos padres o educadores milagrosos que les obliguen a tener una disciplina que ellos ven ahora como si fuera una disciplina de castigo.

Tal vez dentro de cincuenta años habrá pasado este periodo medieval—porque estamos en una especie de mundo del siglo XI—y retorne la necesidad social de razonamiento, de entendimiento razonable, de hablar, leer, escribir, analizar. En este punto sí soy muy pesimista. No creo que haya posibilidad de luchar contra esto.

—*¿Qué pregunta le harías al lector de este libro sobre el destino de la literatura?*

—No sólo los escritores se han de esforzar por escribir libros que se puedan leer. Todos los que aman la lectura tienen una responsabilidad enorme con la gente de su alrededor, con sus hijos, con sus parientes, con sus amigos, para ejercer realmente una militancia de la lectura. Por lo general, he comprobado que el lector, incluso el lector apasionado, suele ser muy pasivo. Está sentado esperando a que llegue el gran libro. Lee el libro, le gusta mucho, lo ama, a veces lo comenta.

No estaría nada mal si hubiera también una responsabilidad del lector, si se pusiera militantemente a mantener las murallas de esta ciudadela que se está viniendo abajo. Se venden cada vez más libros. En cambio la lectura en tanto que proceso artístico, moral, intelectual, es cada vez más reducida.

A los lectores serios, al núcleo que queda, yo les preguntaría: ¿sois conscientes de que tenéis tanta responsabilidad como nosotros, como los escritores, para que se conserve la lectura?

LUIS ALBERTO DE CUENCA

—*Por un lado hay cierta preocupación en el mundo intelectual por el destino del libro. Por otro, los editores publican cada vez más títulos. Se crea una situación paradójica.*

—Estamos hablando del fin del libro cuando por ejemplo Estados Unidos que es el país que más libros produce del mundo es también el que tiene más navegantes de Internet y más ideas en torno al futuro del libro electrónico. No creo que peligre en estos momentos el libro. Lo que no sé es lo que sucederá después, pero los datos económicos son suficientemente reveladores a este respecto. Si se siguen editando tantos libros y sigue siendo un negocio tan floreciente, y al revés, si la tecnología para lo que sirve es para vender más libros, porque entre otras cosas, por Internet lo que se hace es comprar libros, no veo que el soporte papel corra peligro. Por otro lado, tecnológicamente se ha avanzado mucho en la reconversión del papel. Tampoco soy apocalíptico desde el punto de vista ecológico.

En estos momentos se está produciendo una gran revolución comparable tal vez a la que pudo existir en el siglo xv. Pero que yo sepa los manuscritos no se han eliminado a partir del siglo xv. La gente ha seguido escribiendo manuscritos, aunque no como sistema de difundir su obra. El libro no va a desaparecer porque exista el libro electrónico o porque exista la red. Cuando nació la televisión se dijo que la radio iba a morir. Nada más falso. Cuando el vídeo se popularizó se dijo que las salas de cine se iban a quedar desiertas. Nada más falso. Cada vez va más gente al teatro, al cine, y cada vez pueden venderse más libros. No soy pesimista. Y en cualquier caso, a mí lo que me importa es leer *Alicia en el país de las maravillas*, *La isla del tesoro*, me da igual el soporte. Si lo tengo que leer en una pantallita en el metro que a la vez me sirve para ponerme al día en los acontecimientos que están ocurriendo en el mundo, tanto mejor, puedo darle a una tecla y enterarme de lo que está pasando en otras partes del mundo. Lo importante en literatura son los contenidos.

A los bibliófilos también nos importa, obviamente, el continente. A mí me encanta el objeto libro. El objeto *codex*, que es eso que se inventó no hace tanto, en la tardía latinidad, en la tardía romanidad. Antes se había trabajado en *volumina*, en rollos. Pero en cualquier caso, también se podían coleccionar los rollos, y había tiradas raras. A mí lo que me importa del libro es el coleccionismo. Me gusta mucho como bibliófilo, y el formato *codex* me fascina. Y va a durar muchos años.

—*Y que dure. Si me permites una pregunta relacionada con la biblioteca, ¿se conservan bien los manuscritos, los codex?*

—Duran más. El material empleado en los grandes códices de Virgilio del siglo IV, los Códices Vaticanos o el Sinaítico de la Biblia que está en la British Library, dura muchísimo más que, por ejemplo, el material electrónico. El otro día, en un coloquio en televisión acerca del libro electrónico, me decían que tampoco saben hasta qué punto va a durar ese soporte. Estamos fabricando los *compact disc* y no sabemos si van a tener duración. En cambio, lo que sí sabemos es que el pergamino dura, que el papiro dura, que el papel de hilo que se utilizaba en el siglo XVIII, que es un siglo en el que se edita maravillosamente en toda Europa, dura. No así en el XVII que fue un siglo de papel peor. El XVI fue también magnífico. Los propios tecnólogos no pueden afirmar que los soportes que están utilizando ahora para la difusión de la cultura y para la difusión de tantas cosas sean duraderos.

¿Qué ocurriría si a lo mejor de repente la red tuviera un vacío de memoria absoluta y se perdiera todo? Esto no dejaría de ser curioso porque es un tema de una novela de ciencia-ficción. Podemos imaginar que en el año 6412 se recupera la red que estaba flotando en el espacio del año 2000 d.C.

De lo que estamos seguros es de que el buen papel ha permanecido y sobre todo de que existen unas medidas de higiene y terapéuticas que posibilitan que ese papel se mantenga. Porque eso lo estoy viendo a diario. Un buen papel, a poco que se lo cuide, va a durar centenares de años. Con las fotocopias ya vemos lo que ocurre. Las que yo hacía en la universidad ya no existen, ¡se han borrado! Soy muy apóstol en el tema de los derechos de reproducción, estoy a favor de que se respeten y de que no se copie, etc. Pero es que además es escribir sobre el viento, sobre el agua, no sirve para nada fotocopiar si va a desaparecer. Eso es fruto de la ansiedad que domina en nuestros días, de que hay que hacerlo todo al día y qué más da que desaparezca dentro de quince años.

—*Si trabajamos únicamente con la pantalla, las palabras de San Agustín, «inter folia fructus», pierden su sentido. La pantalla no da frutos.*

—La pantalla no da frutos. Está muy bien la mención de San Agustín y además es pura verdad.

Ahora bien, la tecnología también nos está facilitando enormemente las cosas. Igual que decían los medievales aquello de *philosophia ancilla theologiae est*, podríamos decir que la tecnología es la sirvienta de las humanidades. La tecnología me fascina y desde luego me pasé al ordenador muy temprano. Los artículos que tardaba seis horas en escribir, ahora los escribo en tres. Eso supone un ahorro de mi tiempo. Y la tecnología está a favor de la vida, está a favor del placer, del disfrute y de la inteligencia.

Lo que ocurre es que los pedagogos, siempre atentos a los medios y no a los fines, ponderan la tecnología para los chicos a unos niveles extraordinarios. Entonces pierden el referente del contenido que están estudiando y se quedan únicamente en el medio. Eso es dramático. Fui miembro de la ponencia que redactó el dictamen para mejorar las humanidades encargado por la ministra de Educación y Cultura. En el debate me di cuenta de que muchos pedagogos ilustres que estaban en esa comisión decían que había que reformar el sentido de las humanidades, que las humanidades hoy en día también abarcaban la tecnología, a lo cual me opuse profundamente, y no por desprecio a la tecnología, sino porque ésta es siempre un medio. Obviamente puede haber personas que hagan su tesis doctoral sobre informática; en ese caso sí será un fin para ellos.

La gente piensa que la humanidad cambia más de lo que realmente cambia, y cambiamos muy poco. Me siento exactamente igual que el filólogo que en Alejandría preparaba un códice de Homero para ser editado en volumen y ser depositado en la biblioteca. Los métodos son los mismos. Nos damos cuenta de que las conjeturas de los filólogos alejandrinos son a veces más brillantes que las de los filólogos alemanes de la segunda mitad del XIX y primera del XX.

Realmente a lo que nos dedicamos algunos es a cosas permanentes. Y hay que convencer a la gente de que esto no quiere decir que seamos inmovilistas ni que nos neguemos a un futuro más cómodo, más rápido, más informado. Tal es el futuro de la red y el futuro de la informática. La soledad del señor en su casa preparando un texto va a ser siempre la misma. Va a tener más facilidades de reproducción de códices porque en pantalla va a tener el Sankt-Gallensis, el Fuldensis, el Vaticanus y el Harleyanus del Museo Británico. Pero va a tener que hacer lo mismo, una *collatio*, una *constitutio textus*, lo mismo exactamente.

Todo esto en cuanto a la filología. En lo que se refiere a la poesía ya no merece la pena ni hablar. Llevo diez u once años escribiendo poemas directamente en el ordenador. Qué más da dónde se escriba. Lo importante es que esa poesía lo que hace es resumir tu *Weltanschau-*

ung, tu estar en el mundo, y eso va a ocurrir siempre mientras el hombre sea hombre. Lo que pasa es que tampoco creo que el futuro de la especie humana sea muy prometedor porque somos una especie bastante débil. Pero bueno, mutaremos.

—*Si me permites vamos a volver a la poesía. Aludiendo al título de Goethe,* Poesía y verdad, *¿cómo ves la relación entre lo poético y la realidad? Los periódicos publican* bestsellers, *y hablan por un lado de ficción y por otro de no ficción. ¿Cómo ves la relación entre la literatura y el pensamiento filosófico?*

—No soy una mentalidad teórica sino práctica. En ese sentido soy más filólogo que filósofo, pero en cualquier caso obviamente me he planteado el problema de lo que llamaba Goethe, *Dichtung und Wahrheit*, poesía y verdad, y he llegado a la conclusión de que la poesía, como cualquier otro género literario, puede aspirar a la verdad en un sentido ontológico, pero en cambio no a la verdad en cuanto trasunto de la realidad, de lo que existe, de lo que es.

La literatura para mí es ficción, la poesía también. La poesía es la literatura quintaesenciada, la literatura llevada a su más alto rango ontológico, pero en cualquier caso es literatura. La literatura describe un camino paralelo a la realidad, muy cercano pero paralelo, por tanto no llega a juntarse nunca con la realidad, con la vida cotidiana, con el mundo. En ese sentido no podríamos hablar de discurso verdadero puesto que es un discurso ficticio. No obstante, desde un punto de vista ético, la poesía aspira a la verdad, como se ve en poetas como Hölderlin o Novalis. El movimiento romántico aspira a que la poesía adquiera un rango de verdad, de *aletheia*. Volvamos a las etimologías ahora que hablo de *aletheia*. Platón juega con la palabra *aletheia* diciendo que es «no olvido», *lethe* es olvido, la verdad es lo que no es olvido. En ese sentido, la literatura es memoria, de eso no cabe la menor duda, y la literatura es verdad puesto que sería «no olvido». En otro sentido sería discurso ficticio. Lo que hacen los escritores es memoria.

Lo que hacemos los bibliotecarios es preservar la memoria. Porque en el fondo, un concepto que en alemán tenéis muy claro, *Literatur*, lo es todo, es por supuesto también un libro de biología o de química. Nosotros tenemos que albergar aquí toda la literatura, en el sentido alemán de la palabra. Pero hay que decir también que la Biblioteca Nacional de España es sobre todo una biblioteca de humanidades: sus puntales son la historia y la filología.

—*¿Qué diferencia encuentras entre tu trabajo creativo y tu tarea como conservador de la memoria colectiva? ¿Qué función tiene la memoria en tu creación?*

—Vamos a insistir en la memoria. Es una potencia del alma, como la llamaban los escolásticos, que me fascina porque, artísticamente, sin memoria no hay creación. La prueba es la etimología de Mnemósine, que es «la recordadora». La inspiradora por excelencia de las musas es la que recuerda. Ahí volvemos de nuevo a la cadena platónica, porque el conocimiento es recuerdo. Y aunque a

Platón no le gustaran los poetas, no cabe duda de que la poesía es una forma de conocimiento, aunque en *Ion* protestara contra Homero y su cuadrilla.

Los pedagogos han arruinado la memoria en la enseñanza habitual. En el siglo XIX hubo un abuso de la memoria. Todo había que aprenderlo de memoria, las leyes por ejemplo, o la medicina. La inteligencia ha dado un paso hacia adelante, se han incorporado el razonamiento, la deducción, la inducción (que ya estaban por supuesto antes, con los griegos), hemos abolido durante unos años la memoria, en España sobre todo, pero en otros países también. Los niños no aprenden nada de memoria. Y por tanto carecen por completo de coordenadas espacio-temporales. Les da lo mismo. No saben dónde está Rusia, dónde está Alemania, no saben quién viene después si Federico I o Francisco I de Francia. Están perdidos en una selva absolutamente disparatada creada ex profeso desde arriba por unos planes de educación absurdos. Y todo por abolir la memoria, que es creatividad, que es absolutamente imprescindible en el camino hacia el conocimiento.

—En ese sentido, el autor es también un lector cuidadoso con el pasado. Pero, sin hacer tabla rasa, ¿no necesitamos también del olvido a la hora de crear?

—Habría que distinguir dos memorias. La memoria que puede llegar a ser castradora, empleando un término freudiano, podría ser la memoria libresca, la memoria literaria que surge de las primeras lecturas que cubren tu mundo porque te da todas las claves expresivas y no puedes salir de ahí. Y en este caso sí que conviene un liberador *lethe*, un liberador «olvido».

Pero luego la otra, la memoria de lo vivido, es la única que posibilita la creación. Esa otra memoria no tiene nada que ver con *El Quijote*, ni con el *Fausto*, ni con *Humillados y ofendidos*. Esa otra memoria es la memoria de tu vida, el único venero, el único CD-ROM de donde el autor puede extraer materia para elaborar sus sueños, porque al fin y al cabo la literatura no es más que escribir sueños.

—*Al mismo tiempo es individual.*

—Absolutamente individual. Hay una memoria colectiva y una memoria individual. ¿De qué se alejan los románticos cuando llevan a cabo la última gran revolución literaria que sigue todavía vigente? Se alejan de lo que se llama en alemán *Volksgeist*. La escritura previa al Romanticismo tiene una implantación colectiva. La gran eclosión del individuo viene con el Romanticismo precisamente porque se inaugura una memoria que ya no es colectiva, que no encarna a los individuos de una raza, o de una tribu, o de una cultura.

Esto es absolutamente importantísimo en la historia de la cultura contemporánea. Y es la inauguración de una memoria individual que siempre existió por supuesto. En Shakespeare, por ejemplo, que para mí es el paradigma de la literatura, la memoria individual está todavía mezclada con la memoria colectiva. En él está toda Europa, todo el medievo europeo. En el fondo lo que hace es reproducir hasta la saciedad todas las actitudes humanas. Sin embargo, no hay en él esa visión individual que existe en los escritores posteriores al Romanticismo.

Homero y Joyce, por ejemplo. Cuentan lo mismo, pero qué distinto lo cuentan. A mí me fascinan los dos, quizá más Homero, lo debo reconocer, porque estoy muy cerca también de una literatura del *Volksgeist*. Si tuviera que definirme, me definiría más como un clásico que como un romántico. En el principio del péndulo, me gusta más el Clasicismo que el Romanticismo.

—*Cambiemos de rumbo. Tengo la sensación de que el gran debate sobre la literatura de compromiso, sobre la responsabilidad ética del escritor se ha apaciguado en los últimos tiempos. ¿Cómo definirías en estos momentos la responsabilidad ética del autor?*

—Estamos lejos de los planteamientos de la literatura comprometida de los años 50, 60 y 70. Las cosas no se pueden repetir de una manera absoluta, siempre se modifican, son otras y las mismas, como en el libro de Borges, *El otro, el mismo*. Asistimos en estos instantes en la literatura universal a un cierto rearme ético, lo cual no se identifica en absoluto con un compromiso político de un determinado signo.

En nuestra época posmoderna hay por ejemplo una literatura infinitamente desligada de compromiso moral. Sin embargo, también distingo indicios de que puede caminarse o de que ya estamos en una nueva época didáctica, moral, etc. En los escritores que más me interesan en España, que es la literatura que mejor conozco, distingo esa especie de rearme moral o ético. Cansa y aburre el discurso de que la literatura puede conducir al abismo, de que la literatura no tiene ninguna responsabilidad, ningún criterio moral para ser desarrollada.

Veo nítidamente un mensaje moral incluso en la literatura de «realismo sucio» procedente de los Estados Unidos y con bastante eco en España. Lo veo hasta en el cine tarantiniano, tan contestado en aquella polémica de Muñoz Molina y de Marías en que Muñoz Molina lo atacaba de amoral. No sé si seré un pervertido, pero para mí Tarantino es literatura, no de compromiso político pero sí de compromiso moral. En ese sentido creo que estamos asistiendo a un *revival*.

—*Tengo la sensación de que también en el campo estético se ha calmado el debate acerca de los «ismos». ¿Cómo se define la poetología o la responsabilidad estética del autor en nuestro tiempo?*

—Todo está más apaciguado desde el punto de vista de la polémica del manifiesto y del panfleto y de descalificar al adversario. Ahora hay una sensación de que cabemos todos y todas las posturas. Sin embargo, en estas cuestiones poetológicas, de una manera muy global, asistimos a un cierto neoclasicismo. Y ahí defiendo mi postura.

Veo con poca fuerza a la posvanguardia, que tiene su papel pero que está enormemente codificada y dentro de los circuitos de poder, y del dinero incluso, tanto en literatura como en arte, pero sobre todo en arte. Eso se ve muy bien en Alemania porque ha sido uno de los países en donde durante los años 80 la vanguardia ha tenido un prestigio y una fuerza grandes. Lo que atisbo en los países a los que voy, es una cierta tendencia a una euritmia, a un contenido clásico, a una cierta mesura. Por ejemplo está volviendo el guión en el cine dentro de esas películas de bajo presupuesto de los Estados Unidos. Este tipo de guiones milimétricos denota que se está gestando un nuevo clasicismo. Desde los años 40 no he vuelto a ver el rigor que he podido comprobar en el guión de películas muy recientes. Para satisfacción propia, percibo un cierto neoclasicismo en el ambiente, al menos en España.

—*Entre el guión de cine y el poema, ¿se puede hablar todavía de una división clásica de los géneros literarios?*

—Tras las vanguardias, los géneros son puras nomenclaturas en el vacío. Sin embargo, siguen siendo útiles desde un punto de vista práctico para poder situarnos. En la teoría no son sostenibles. El monólogo de Molly Bloom al final del *Ulysses*, ¿qué es, narrativa, poesía, poesía dramática?

Algunas de las novelas de Valle-Inclán tienen más elementos dramáticos que muchas de sus obras de teatro. *Tirano Banderas*, por ejemplo. Por otro lado, los elementos narrativos invaden el poema en la poesía neoclásica, que es la que más me gusta. Se convierten en una presencia obsesiva por influencia de cierta poesía anglosajona.

Los géneros han tenido descendencia mestiza en la teoría. Sin embargo, en la práctica siguen siendo útiles. El grado de presencia de un lenguaje connotativo en poesía hace que eso se considere más poesía. No es lo mismo contar una historia en un poema que contarla en un cuento.

Mi conclusión es que la literatura sirve sobre todo para disfrutar. Los géneros ayudan a obtener más placer, rentabilizan la lectura. Por lo tanto debemos seguir utilizándolos, sabiendo de antemano que estamos en un territorio resbaladizo desde un punto de vista conceptual.

—*¿Cómo ves entonces el equilibrio entre los momentos de autorreflexión en la poesía y en la narrativa?*

¿Quién, que se considere poeta o que ejerza de poeta, no ha explicitado en sus versos sus reflexiones acerca de sí mismo, de su lugar en el mundo, de su soledad ante el cosmos, o de su exultación ante la belleza del universo, de su depresión, de su melancolía y también de su júbilo?

Evidentemente, el componente reflexivo es un componente obligatorio en poesía. Pero también hay que decir que constituye un subgénero dentro de la poesía, llamémosla poesía reflexiva o poesía filosófica. En Emily Dickinson, por ejemplo, el elemento reflexivo predomina sobre cualquier otro. En Robert Browning, en cambio, hay un aliento épico que le lleva a unos límites de narratividad, de relato, sin dejar de ser poesía. Y no carece de reflexión, aunque en forma minimalista.

A partir de Paul Celan o a partir de nuestro José Ángel Valente, o a partir de la vanguardia, existe una poesía quintaesenciada que se obliga a ser breve, Ungaretti, Montale en Italia, etc. Esa gran poesía quedará. Pero por otro lado también está Saint-John Perse, están Kavafis o Pound. Yo me encuentro más cerca de los poetas épicos o neoépicos, pero eso no quiere decir que no me fascinen Ungaretti, o Montale a quien he traducido.

A quienes nos gusta la literatura como enfermedad, nos gusta todo. Un tío mío me decía siempre que a los sesenta y tantos años —lo decía cuando ya tenía setenta y tantos— no sabía qué tipo de mujer le gustaba, que le gustaban todas, que ya de mayor se enteraría si le gustaban más gordas, delgadas, rubias, morenas, que no podía elegir... En literatura yo elegí ya hace muchos años, de modo que en esto no he sido como mi tío. Me gusta la literatura eurítmica, clásica, moral, narrativa, etc., pero eso no quiere decir que no me fascine leer a Paul Celan.

—*La llegada de las literaturas, digamos «periféricas», ¿cómo ha influido en nuestra concepción de la tradición literaria europea, en nuestra manera de leer?*

—En el proceso de globalización actual también la literatura se ha globalizado. Por otro lado, el elemento multicultural o policultural está también presente en nuestros días. Esta globalización de la literatura no ha influido en absoluto en nuestra literatura occidental. Soy tajante porque pienso que la literatura occidental tiene un elevado grado de vitalidad y ha sido enriquecida por lo mejor de las otras literaturas a lo largo de su historia. Un ejemplo: la gran novelista japonesa de todos los tiempos, la señora Murasaki Shikibu escribe la historia de *Genji monogatari*. Esa obra a partir del XIX forma parte ya de la literatura occidental, la traducen una serie de estudiosos ingleses, alemanes y franceses. La incorporamos a nuestra literatura.

Lo grande en otras culturas ya está trasladado, probablemente no de una manera pura o no de una manera prístina, auténtica, pero a nosotros ya nos vale con eso. Realmente somos una cultura con tal grado de asimilación, y aunque maduros ya, incluso cercanos a una cierta vejez gloriosa, aún tenemos mucho que decir en el mundo. Estoy radicalmente en contra de las posiciones de equiparación cultural por una *political correctness* mal entendida y por esa especie de dios de barro de lo *politically correct* que me parece verdaderamente absurdo.

El hecho de que se escriba en inglés, en alemán, en español o en francés no debe avergonzar a nadie. Es maravilloso que se escriba en los dialectos de una región de Nigeria, pero los grandes escritores nigerianos escriben en inglés, eso no hay que olvidarlo. Esta especie de globalización del mundo no conduce en absoluto a una debilidad de nuestros planteamientos literarios. Occidente tiene aún mucho que decir en la historia del mundo.

«Cultura occidental» es una expresión que me gusta subrayar porque es mi cultura. Ahora que todo el mundo tiene tribu, yo también reivindico mi derecho a tener la mía. Mi tribu es Occidente. Porque parece que los únicos que no tenemos tribu somos nosotros.

¿Cuál es mi mundo? El del derecho romano, el de la civilización judeocristiana, el de la mitología grecolatina y el de la mitología germánica—no olvidemos que es tan nuestra como la grecolatina—y, por supuesto, también es el del cruce fertilísimo entre esas maravillosas etnias y culturas que se cruzan admirablemente, las culturas mediterráneas, las culturas del norte, las culturas que vienen de las estepas del Asia central y configuran este espacio que creo que estamos perdiendo de vista, que es mestizo, que es plural, pero que ya está constituido como nuestro. Nosotros ya somos mestizos. Evidentemente cuanto más mestizaje haya, mejor. No vamos a poder evitar que haya movimientos de pueblos que siempre se han producido a lo largo de la historia.

Tengo además una gran ilusión en la Unión Europea. Podemos hacer muchas cosas juntos, abriéndonos por supuesto a la Europa del Este que es tan Europa como nosotros mismos, y evidentemente, en lo económico y en lo cultural, va a ser muy fértil esta unión.

—*Como autor, ¿cómo te definirías, universal, nacional, local?*

—Todo autor debe tender a la universalidad, al cosmopolitismo. Lo que ocurre es lo que decía Antonio Machado, que *la poesía es palabra en el tiempo.* Y quien dice palabra en el tiempo también dice palabra en el espacio. No cabe duda de que esa universalidad no procede de que uno no sea deudor de su tiempo y de su cultura más pequeña, más estrecha, sino que procede de que las grandes y pequeñas cosas que uno puede comunicar, existentes desde los albores de la humanidad, son siempre las mismas.

Shakespeare estaba pensando en la reina Isabel cuando elaboraba sus obras para triunfar en palacio. Pero a la larga se le escapó la universalidad. A los escritores con vocación universal, ni siquiera siendo conscientes de que están actuando ante un escenario muy determinado y local, se les escapa ese anhelo y esa ilusión de universalidad. Al final, uno no puede sustraerse a ella. Esto no quiere decir que no debamos escribir pensando en personas y ciudades determinadas, en paisajes determinados, porque si no estaríamos impostando nuestra literatura. Hay que ser o intentar ser lo más auténtico posible dentro ya del territorio de la ficción en la que nos movemos.

—*¿Qué libro recomendarías que no haya sido traducido todavía al castellano?*

—Hay tantísimos que no están traducidos al castellano. Como mis aficiones van más bien por el mundo antiguo, por el mundo medieval, ahora te diría que me parece monstruoso que no esté traducido al castellano un poema escrito por Firdūsī (Firdawsi) en el siglo XI de nuestra era que es el *Shah-namé* o *El Libro de los Reyes*. No hay una edición completa de ese libro que es tan extraordinario y tan fascinante como puede serlo el *Nibelungenlied* o el *Beowulf* o la *Chanson de Roland*.

—*Pasemos a la perspectiva diacrónica. Me gustaría conocer tu opinión de autor sobre la cuestión del canon.*

—El canon lo ha puesto de moda el libro de Bloom. Difícilmente podemos coincidir todos con él porque obviamente todos tenemos nuestros gustos. Bloom se justifica en su prólogo pero no incluye a ningún autor activo. También me parece terrible que en su canon occidental no estén los autores clásicos grecolatinos, porque realmente procedemos de los griegos. Ni siquiera somos sus hijos; somos ellos. No obstante, todos los que cita Bloom son indiscutibles.

¿Por qué resurge la literatura científica en torno al canon? Porque obviamente nos estamos perdiendo. En las universidades norteamericanas ya se empieza a estudiar cualquier cosa con tal de que sea literatura escrita por mujeres o por grupos de riesgo o yo qué sé. Es un completo disparate, porque eso no tiene que ver con la literatura. En la literatura hay momentos extensos y gloriosos a los que no se pueden comparar otros.

Nadie en la literatura alemana es acaso mayor que Goethe, nadie en la literatura castellana es mayor que Cervantes, no hay literatura inglesa mayor que Shakespeare. Pueden acercársele, pueden igualarlo, pero son cumbres reales. Lo que hacen Bloom y otros tratadistas al hablar del canon es recordarnos que no todo el mundo es Shakespeare, y no está mal tampoco, pero eso no debe humillar a nadie. ¿Por qué me va a importar que haya genios? Existen los genios. Hay un libro maravilloso de Victor Hugo que se llama *William Shakespeare*. Es un libro extraordinario en el que habla de las cumbres del espíritu humano. Yo sigo creyendo que hay cumbres del espíritu humano. No todo es igual.

—Por debajo de esas cumbres siempre encuentro algún libro menos difundido y de gran valor. ¿Podrías recomendar a algún autor no considerado de primera fila?

—Al hablar del canon he dicho que los autores citados son indiscutibles. Sí, pero todo es discutible, sobre todo a la hora de añadir, no tanto de quitar sino de añadir.

Voy a mencionar a un autor que seguramente me va a acarrear críticas, pero lo voy a decir porque hay que ser valiente. Es un autor de primerísima línea del siglo xx, y que está ubicado o condenado al infierno de la literatura juvenil. Es Tolkien, el autor de *The Lord of Rings*. Me parece un autor de una escritura extraordinaria, universal, ucrónica, sin tiempo, y sin espacio. En cambio se le ha relegado a la literatura de «señores raros». Pero ya se sabe, el primer loco que dijo al mundo que era Napoleón cogió al mundo desprevenido y conquistó Europa. El primero que escribió todos esos maravillosos disparates de elfos y de *hobbits*, cogió al crítico desprevenido y pensó que era una tontería para niños. Sin embargo, Tolkien estaba creando una obra permanente y extraordinaria.

—*¿Compartes la preocupación por la invasión de la imagen en nuestros días? Goethe, por ejemplo, definía el poema como una ventana de cristales pintados, es decir, según él los versos activan la imaginación del lector. ¿Qué diferencia ves entre la imagen fabricada y la ventana de la lectura?*

—Creo que la frase de Goethe indica ya hasta qué punto literatura y plástica son indisolubles. La literatura también es un venero, es una mina de imágenes. No participo de la inquietud actual con respecto a que la literatura va a fenecer porque la imagen avanza. Para mí la literatura también es un conjunto de imágenes. No puedo leer *Las afinidades electivas*, por poner un ejemplo goethiano, sin imaginarme cómo es Otilia. Veo una película cuando leo el libro.

Soy un aficionado al cine, tan loco del cine como de la literatura. Pero el cine cuenta historias realmente, a veces líricas, siempre dramáticas, otras con un contenido narrativo más alto, otros con una subjetividad mayor.

Soy un gran aficionado al cómic. El cómic no es más que arte secuenciado, está a mitad de camino entre la pintura y la literatura porque cada viñeta es un capítulo de esa historia. Por eso ha habido grandes narradores de la literatura universal que son autores de cómics. ¿Quién le puede negar por ejemplo a Alex Raymond, el autor de *Flash Gordon*, la categoría de gran narrador de la literatura universal en imágenes? ¿Quién le puede negar a Will Eisner, el autor de *Spirit*, la misma categoría? En Alemania, curiosamente, hay muy poca cultura del cómic, se leen muchos pero está mal visto. No es nada académico o universitario. Estoy ahora infringiendo; en Alemania me darían un buen correctivo.

—*Puede que no. En Alemania se distingue claramente entre literatura seria y literatura de entretenimiento, tal vez porque no se le permite al lector que disfrute demasiado.*

—Los franceses, que tienen bastante más concomitancias con los alemanes de lo que pueda parecer, son el lado más placentero de los alemanes, mientras que los alemanes son el lado más severo de los franceses. En el fondo no es más que el Imperio Carolingio. Los franceses sí han sabido llevar a la universidad el cómic, mucho antes que los norteamericanos.

Curiosamente en el mundo anglosajón el cómic es algo muy cotidiano, pero no han calibrado la calidad que tienen, y han sido los países latinos, Francia e Italia, los que han recuperado el gran cómic norteamericano.

A un fascinado por la imagen como yo no puede parecerle nunca mal que la imagen haya adquirido un protagonismo tal en nuestros días. No soy ni editor, ni responsable de la lectura de un determinado país. Si lo fuera quizá me preocuparía. Evidentemente los juegos de ordenador, las pantallas, los nintendo y esas cosas están desfavoreciendo la lectura. Pero a mí no me puede preocupar moralmente porque los niños que yo conozco compaginan perfectamente el juego del ordenador con la lectura. A mí lo que me parece bueno es que uno vaya viviendo el tiempo que le toca vivir. Meter a un niño en una burbuja de cristal y hacerle leer *Los hermanos Karamazov* solo, aunque la obra es una maravilla, me parece una crueldad inicua. Que lean *Los hermanos Karamazov* pero como un juego de ordenador. Las relaciones entre los personajes son las mismas que hay para pasar de pantalla.

Vivimos en un mundo muy atractivo desde el punto de vista cultural, puesto que existen muchísimas posibilidades de que aquél que se interesa realmente por la literatura acceda a ella. Del otro lado hay muchos cantos de sirena anunciando que esta invasión de la imagen evita que los niños puedan ser educados en una *paideia* increíble como aquella que quiso Platón en la Academia. Sí, pero no vamos tampoco a obligar a nadie a hacer lo que no quiere hacer. La lectura no es algo a lo que haya que obligar a la gente. Hay que explicar que es muy hermoso y muy divertido. El que quiera entrar que entre. Habrá gente muy triste que prefiera no divertirse.

—Déjame por último romper las reglas de juego de las entrevistas y acabar con una pregunta en lugar de una respuesta. ¿Qué pregunta harías en el contexto de este libro?

—Hay un poema de Kavafis titulado «Esperando a los bárbaros». En la civilización actual, en esta especie de hiperculturización aparente, pero en donde hay también un gran núcleo todavía incultivado, echo de menos esa visión que tiene Kavafis de esos bárbaros que van a venir. No son gentes brutales que vayan a violar a las mujeres o a ocupar el solio de los senadores, sino que es sangre nueva, savia nueva.

Mi pregunta sería, ¿qué va a ser de nosotros si seguimos por este camino de aparente civilización y descuidamos todos los elementos importantes y nuevos que tiene la «barbarie» también? ¿Qué va a ser de nosotros sin los bárbaros? ¿Qué va a ser de nosotros sin una mentalidad de pueblo que vive a caballo, que viene de lejos para traer un mensaje de esperanza y de fe en el futuro?

JAVIER MARÍAS

—*Muchos críticos y profesores andan preocupados por el destino del libro. Sin embargo, por otro lado las editoriales lanzan cada vez más títulos. La producción aumenta continuamente. ¿Cómo le afecta a un autor esta situación actual?*

—Está ocurriendo algo que es muy grave en cuanto a la manera de producir y ofrecer los libros. Todo el mundo parece estar de acuerdo en que al fin y al cabo los libros son también una mercancía, y son equiparables a un disco o a una película, y no tienen porqué no estar sujetos a las mismas leyes.

Al libro se le puede aplicar si uno quiere ese tipo de visión «igualitaria» entre mercancías, pero no quita para que eso pueda resultar perjudicial no para la propia industria del libro—que no lo sé y pienso que si los editores y los distribuidores lo están haciendo de esta manera, habrán hecho también sus cálculos y habrán pensado que desde el punto de vista industrial o empresarial es lo conveniente—pero sí es muy grave para los escritores, y también para los libreros según parece. A la larga sí puede acabar influyendo en lo que en el fondo es la materia prima de una empresa editorial: el trabajo del escritor.

La sensación que yo tengo, al menos en España, es que los editores sacan cada vez un mayor número de títulos y saben al mismo tiempo que la mayor parte de esos títulos no van a tener ninguna vida. En gran medida porque ellos mismos no van a permitir la posibilidad de que la tengan. Tal como está montado hoy en día lo que llaman, creo, el «sistema de rotación», a veces distribuyen un libro a la librería de un autor que no sea muy conocido o de un autor nuevo o de un autor extranjero poco conocido, se pone en la librería o se pone en lo que se llama grandes superficies, y a veces se le dan quince días a ese libro para estar ahí. Y si a los quince días, o un mes como mucho, ese libro no se ha vendido o se ha vendido un solo ejemplar de los diez o quince que llevaron, inmediatamente es devuelto a la editorial. La editorial ya cuenta con ello. Parece ser que para no perder el lugar que ese libro ocupó durante quince días en la librería, la editorial tiene que proporcionar otro al librero. Este segundo libro—o tercero o decimoquinto, o el número que sea porque se trata de un proceso continuo—puede que tenga tan pocas esperanzas de venderse inmediatamente como el anterior, pero sin embargo hay que tenerlo hecho para que ocupe un lugar en la librería, porque si no lo ocupa lo hará otro editor.

Hasta cierto punto empieza a dar la sensación de que la única función real que tienen muchos de los libros que publican las editoriales es la de anuncio de la editorial, la de ocupación de un espacio cada vez más disputado y cada vez más escaso en las librerías. Esto me parece terrible para un libro. Tal vez pueda hacerse esto con pasta de dientes. El mecanismo de éxito quizá pueda realizarse con los botellines de cerveza; se prueba con un botellín de color rojo a ver si le gusta al público y a las dos semanas se ve que no, que a la gente no le gusta beber cerveza en botellines rojos, pues se prueba entonces con uno verde. El botellín se puede probar, se pueden hacer miles de botellines y retirarlos sin más si no funcionan, pero un libro es otra cosa.

En un libro hay una cantidad de trabajo enorme: el tiempo empleado por el propio escritor, el tiempo empleado por el traductor si se trata de un libro extranjero, luego está el tiempo y el esfuerzo de hacer el libro materialmente, que es una cosa más compleja de lo que se piensa, lleno de detalles, hay que escribir la solapa, la contraportada, hay que corregir las pruebas, etc. No se suele tener en cuenta el esfuerzo realizado. Y esto resulta perjudicial sobre todo para un escritor que a lo mejor publica por vez primera o segunda, que pone toda su ilusión en que finalmente ha conseguido publicar. Y hoy en día con conseguir publicar no basta.

En cierto sentido muchos libros están condenados, están sirviendo casi exclusivamente de soporte para que los editores tengan algo que cambiar. Empieza a aplicarse a los libros ese mecanismo que justamente los libros no admiten.

Los libros necesitan tiempo y en este punto las cosas no han cambiado. Es posible que el libro nuevo de un autor muy conocido se venda inmediatamente y se venda en las primeras semanas más que en ninguna otra semana posterior. Pero la mayor parte de los libros no son de autores muy conocidos. Lo que ocurría hasta hace no demasiados años era que se llevaba un libro a la librería, había que dejar algo de tiempo para que algún lector curioso lo comprase, lo leyese—lo cual lleva su tiempo—y hablase bien de él. También había que esperar a que saliese alguna crítica, que normalmente van con bastante retraso cuando no se trata de libros o de autores muy famosos. Todo eso en dos semanas o en un mes no se puede producir. Cuando el libro puede empezar a tener una vida, por ejemplo que lo hayan comprado dos clientes muy voraces que leen todo lo que se publica o que tienen mucha curiosidad y que a lo mejor comenzarían a hablar de ese libro, ese libro ya se ha retirado. Y además lo grave es que se ha retirado para siempre. Ese tipo de libros, y son la mayoría, empiezan a no tener una segunda oportunidad siquiera. Solamente cabe pensar que si al cabo de los años por un azar alguien hace una película basada en ese libro o algo por el estilo, o el autor logra publicar otro libro más adelante y ese libro sí tiene mucho éxito se recupere el anterior. Eso a lo sumo.

En mi caso empecé a publicar muy joven, en el 71, por tanto hace muchos años, en una época completamente distinta en cuanto al modo de tratar el libro y de comerciar con el libro. De haber empezado a publicar en los años noventa, probablemente no habría llegado a publicar ni *Corazón tan blanco*, ni *Todas las almas*, ni siquiera *El hombre sentimental*. No habría habido oportunidad para mí.

Me parece grave que a los escritores no se les dé el tiempo necesario y que no exista la paciencia o la fe suficientes para ver si al cabo de uno, dos o tres libros mejoran literariamente, lo cual en un escritor joven es factible. Es factible también que alguien, como en mi caso, al cabo de unos pocos años pase a vender de unos tres mil ejemplares a cientos de miles de la manera más inesperada. Yo no habría existido como autor, o habría existido como el autor de un par de novelas curiosas y a lo mejor no habría encontrado después editor, tal como están las cosas ahora.

Por otro lado, da la impresión de que hay gran interés por los autores jóvenes. Se les publica con más facilidad que antes, pero en cambio se les da muy poco tiempo. Sus oportunidades están contadas en edades en que es difícil que una obra cuaje de verdad. Todo eso me parece muy grave para el escritor y no para la industria del libro. Supongo que los editores saben lo que hacen y deben saber que hacer libros, con todo el esfuerzo que supone el hacer libros para nada—porque hay muchos que son para nada—, aun así les compensa para mantener su actividad, su hiperactividad o la maquinaria en marcha, no sé exactamente cuál es el motivo. En cambio creo que a la larga esto puede hacer abortar a numerosos escritores que a lo mejor acabarían siendo muy buenos, podrían acabar siendo *bestsellers* incluso, si pensamos únicamente en el beneficio económico.

—Desde la perspectiva de los lectores, esta acumulación de títulos no nos permite orientarnos con tranquilidad.

—Incluso ni el lector más ávido, más voraz, tiene tiempo. El problema se agrava además porque al no haber espacio en las librerías apenas, los libros duran cada vez menos en las librerías, y a lo mejor un libro de hace dos años es ya dificilísimo de encontrar, hay que pedirlo y luego ocurre otra cosa tremenda que he podido comprobar con mis propios libros. Recuerdo que alguna vez que he necesitado algunos ejemplares para regalar a alguien que venía de paso por Madrid y no tenía tiempo para pedírselos a la editorial, he ido a la librería a comprarlos. Y me decían que no los tenían pero que los podían pedir. Y desde la editorial les contestaban que estaban agotados. Perdón, les decía yo, no, ese libro no está agotado, yo soy el autor o el traductor, tengo el *copyright* y los *royalties*, y por lo tanto recibo liquidaciones anuales. El mes pasado quedaban mil y pico ejemplares.

Entonces finalmente he comprendido porqué pasa esto. Muchas de las editoriales empiezan a tener sus almacenes alejados de la editorial misma, los tienen fuera de la ciudad. En Barcelona por ejemplo las hay que los tienen en la carretera de no sé dónde, en Sant Joan Despí y entonces no les compensa el movimiento de ir a buscar uno o dos ejemplares al almacén y mandarlos hasta una librería de Madrid. No están dispuestos a hacerlo. Y te dicen que está agotado.

—*El almacén se convierte en un cementerio de libros...*

—Sí, esos libros están hasta cierto punto secuestrados; llega un momento en que el editor secuestra sus propios libros, los tiene ahí, supongo que antes o después acabarán guillotinándolos. Al autor no sé lo que le dirán porque no le van a decir que se han vendido. Ésta es una situación completamente anómala. Los editores habrán hecho sus cálculos, pero por mucho cálculo que hayan hecho, creo que también están cometiendo algún error muy grave en toda esa cadena porque este proceso es demasiado disparatado.

Tampoco parece que sea algo que guste a los libreros, por ejemplo. Tengo trato con libreros que me dicen que están desesperados porque su trabajo desde hace tiempo no consiste ya tanto en vender libros, en aconsejarlos —hablo de libreros de librería pequeña— sino en recibir novedades, desempaquetarlas, ponerlas en la mesa de novedades, a los pocos días volver a empaquetarlas, devolverlas... es decir, se pasan el día desembalando, embalando, devolviendo, colocando. Ésa es su tarea, y de una manera obsesiva.

—*En el listado de los* bestsellers *aparecen por lo general dos secciones, ficción y no ficción. Un autor de novelas se mueve también entre estos dos polos, por un lado la verdad y el pensamiento filosófico, y por otro lado la invención, la ficción. ¿Cómo contempla usted la relación de la literatura con la realidad?*

—En España y en casi todas partes se han adoptado esos términos en años bastante recientes y se trata de una división un poco ramplona que hace el mundo anglosajón. Tan ramplona que una de las dos categorías es simplemente negativa, por oposición a la otra... *non-fiction*, ¿qué significa eso en realidad? Es absurdo, es una definición negativa una de las dos, y la otra es *fiction*, que resulta cada vez más difícil de delimitar. Lo ha sido siempre. Tampoco el carácter de la ficción, con excepciones, ha sido tan nítido. Desde el *Lazarillo de Tormes* en adelante probablemente no hay una definición muy clara de si una obra es ficción o no es ficción, a veces puede depender únicamente de cómo es presentado un texto. Sin ir más lejos, yo mismo he utilizado un texto casi idéntico formando parte de un artículo de prensa y formando parte de un cuento. O también en otra ocasión, utilicé partes de un capítulo de la novela *Corazón tan blanco* para un cuento. Precisamente el ponerle término a la escena que en la novela seguía, lo convertía en un cuento. Y lo he publicado como tal cuento.

—*¿Sin cambios?*

—Mínimos. En un caso era una escena en La Habana, y en vez de La Habana puse Sevilla. Y había algún detalle más, sólo por distraerme mientras lo tecleaba de nuevo, pero prácticamente es lo mismo.

Recuerdo una vez que publiqué un artículo en el cual contaba una anécdota de un mayordomo con el cual yo, Javier Marías, que era el que firmaba el artículo que salió en *El País*, me había quedado encerrado en Nueva York en un ascensor entre dos pisos, y contaba eso y luego pasaba a hacer unas reflexiones sobre la venganza, porque hablaba con ese mayordomo acerca de la venganza. Y eso mismo formó parte de un cuento posterior que se llamó *Lo que dijo el mayordomo*, en el cual transcribía casi idénticamente el comienzo de ese artículo—anunciando que había sido un artículo—pero luego proseguía el relato. En el artículo había contado sólo el comienzo de esa conversación con el mayordomo, y en el cuento contaba mucho más. Y sin embargo, había una parte del texto que coincidía tal cual.

A veces simplemente la manera en que uno presenta las mismas palabras y el mismo texto lo convierte en ficción o no ficción o en aparente ficción o en aparente no ficción porque en este caso por ejemplo, pues también me podrían decir, bien pero, ¿y cómo sabemos que cuando usted publicó primero el artículo contando que usted, Javier Marías, se había quedado encerrado en el ascensor en Nueva York entre dos pisos con un mayordomo que le habló de magias negras, y que usted presentó en el periódico, cómo sabemos que eso no era una invención suya y por tanto a lo mejor la ficción estaba ya en lo que usted presentó como no ficción? Bien, pues no hay manera de saberlo, y a la postre no importa mucho.

Luego hay otra curiosidad del mundo anglosajón. Estuve en Inglaterra enseñando en Oxford, recuerdo que la mayor parte de las librerías tenían una división intermedia. Por un lado había *non-fiction*, la cual a su vez se subdividía en todo tipo de disciplinas, luego había *fiction*, y luego había otra cosa que llaman *literature*. Yo no he logrado saber exactamente cuál es el baremo para que una cosa sea *fiction* o sea *literature*. No me refiero a estudios literarios, que por supuesto irían en el apartado *literature*, sino a las obras mismas. Me da la impresión de que quizá *literature* es más lo que está consagrado ya, y así se encuentra uno con que Joseph Conrad probablemente estará en *literature*, ya no en *fiction*, y a lo mejor hace no demasiados años estaba todavía en *fiction*. Pero no es solamente cuestión de que sean autores antiguos o de autores muertos porque a veces se encuentra uno a autores vivos que ya son *literature*. Tampoco me quedó muy claro si se trataba de jerarquías.

Autores vivos que parecen muy consagrados, como García Márquez, estarán en *fiction* probablemente. Nabokov puede que ya esté en *literature* en cambio. Ha muerto ya, pero... Ese tipo de divisiones y de subdivisiones a mí me parecen realmente muy gratuitas. Hace no muchos años autores como Stevenson, como Jack London probablemente también, quizá hasta Conrad, no estaban todavía muy considerados por el mundo universitario. Tampoco H. G. Wells. Había pocos estudios sobre sus obras porque se las tenía por *fiction*, por novela de aventuras, o algo similar. En los últimos veinte o veinticinco años esto ha empezado a cambiar. Por supuesto con Conrad ha cambiado muchísimo. Ahora hay infinidad de estudios, muy serios, muy sesudos.

Con Stevenson también empieza a pasar aunque con él se ha tardado más. Uno de los factores que ha influido en que por ejemplo el mundo académico haya empezado a tomarse más en serio a Stevenson, y hacerlo objeto de sus análisis y de sus estudios, creo que ha tenido que ver con la divulgación de su fuerte amistad y de su larga correspondencia con un autor que sin duda es muy serio, Henry James. Es como si de pronto la proximidad con H. James le hubiera dado existencia a Stevenson.

Todas estas clasificaciones cambian tan continuamente, son a veces tan arbitrarias, que a un escritor no le pueden interesar mucho las diferencias entre *fiction, nonfiction*, o *literature*. Tal vez podían importarle cuando la crítica universitaria en el mundo que conocíamos hasta hace poco tenía algo que decir sobre la pervivencia de los escritores. Porque aunque la crítica universitaria no fuera ni es muy conocida del público, el hecho de que se estudiara en las universidades a autores ya muertos sí que acababa por influir en su vigencia, en que estuvieran aún vivos, en que se les editara, se les reeditara, etc. No sé si esto tampoco puede seguir siendo así, porque en principio, igual que los libros duran cada vez menos, a la crítica tanto periodística como universitaria se le hace cada vez menos caso.

—*La crítica universitaria se menciona cada vez menos fuera del ámbito académico.*

—Y también es cada vez más arbitraria y se ocupa cada vez más de asuntos que no merecen la atención. Parece como que en la crítica universitaria desde hace un tiempo empiezan a intervenir factores totalmente extraliterarios, a menudo sociológicos. Una de las plagas de la crítica universitaria, incluso de la enseñanza universitaria de la literatura por lo que yo sé, es que cada vez más se presta atención y se estudia a autores o autoras no por los textos sino precisamente por lo que está fuera de los textos, es decir por quién ha sido o es esa persona, por si ha sido hombre o mujer, negro o negra, si ha sido *gay* o no, es decir, ese tipo de factores cada vez intervienen más y son factores totalmente extraliterarios. A la hora de estudiar la literatura creo que lo que tiene que contar es el texto y nada más que el texto. Que luego uno tenga una información sobre quién lo escribió y que eso incluso pueda ayudar a entender mejor el texto, está bien, pero que esa información externa al texto sea lo que se convierta en el motivo para estudiarlo, me parece una locura y, sin embargo, cada vez sucede más. Eso es sociología, no es literatura.

—*El texto sirve como punto de partida y no como objeto de estudio.*

—Sí, pero a la postre lo que se estudia son los textos, no se estudian las biografías. Que yo sepa, todavía no existe una licenciatura en biografía literaria.

Hay lectores que me escriben que les ha gustado un libro mío o varios. Y que por tanto les gustaría mucho conocerme. A mí me cuesta ver la relación entre esas dos cosas. Que a alguien le haya gustado mucho un libro, no veo que tenga que traer consigo un deseo de conocer a la persona que lo ha escrito. Y a veces, si me parece que la persona es muy amable y que merece una respuesta, en todo caso, le contesto algo así: que yo esté por aquí en carne y hueso es un accidente pasajero que tendrá remedio. A nadie se le ocurre decir hoy en día leyendo *Madame Bovary* o *Bouvard et Pécuchet*, que le gustaría conocer a Flaubert porque Flaubert no está aquí en carne y hueso y a nadie le importa que esté o no esté. El escritor es tinta y papel; que sea carne y hueso durante un tiempo es puro accidente, y además pasajero. Pero quizá esto sea un factor también significativo de lo que está ocurriendo en la actualidad. Cada vez importa más la persona que hace las cosas. Hoy en día sería muy difícil que un libro anónimo o un libro totalmente pseudónimo tuviera grandes probabilidades de éxito porque parece como si necesitáramos saber quién está detrás de cada cosa, con su cara, la foto, con sus datos, cuantos más mejor.

Para mí Shakespeare, de quien por otra parte se sabe muy poco de su vida, es un conjunto de textos, nada más. Y uno puede tener algunos datos históricos y biográficos que le pueden ayudar, pero en conjunto Shakespeare equivale a este cuerpo de textos.

Digo esto y sin embargo, si hubiera tenido la oportunidad de conocer a algunos autores, también me habría gustado intercambiar algunas frases con Nabokov, que murió en 1977, o con Faulkner, pero no se me habría ocurrido buscarlo en principio. Si hubiera estado Nabokov firmando libros en la Feria del Libro pues habría ido a que me firmara alguno, y le habría saludado encantado, pero más allá de eso tampoco habría tenido particular interés en conocerlo o en que me hablara personalmente, porque sobre todo me interesa lo que escribe.

—*Tengo apuntada una palabra clave: memoria. A la hora de escribir, el autor tiene también una función como cronista de su tiempo, pero no me refiero a su biografía personal sino a su época. ¿Qué relación mantiene el escritor con su tiempo y con la sociedad?*

—He criticado en diversas ocasiones esa vieja discusión que se da reiteradamente en España, en la que siempre hay alguien que protesta y que dice que ya no se hacen novelas ceñidas a la realidad, o que no se hacen novelas que denuncien la situación actual, etc. Esto me parece absurdo como propósito, sobre todo en una época en que existen la televisión y las crónicas periodísticas que dan continua cuenta de los problemas y de las injusticias de la realidad. No es como en otras épocas en las cuales quizá una novela podía tener una función de alarma o de aviso de situaciones poco conocidas. Además, lo que pervive sobre todo en la memoria colectiva sobre las épocas y los países a menudo es lo literario, pero no necesariamente o en modo alguno lo hecho con ánimo «realista».

Hablando de manera muy general, muy de atmósfera, no para eruditos ni para historiadores, diría que la imagen que tenemos de la Inglaterra victoriana es una mezcla de Dickens y de Sherlock Holmes. Ésa es la imagen que ha pervivido probablemente más. Dickens se podría considerar como un escritor más realista, aunque en mi opinión era muy poco realista con esos personajes completamente disparatados. Conan Doyle con Sherlock Holmes tampoco es un modelo realista. Y sin embargo, lo que pervive en el imaginario colectivo es más eso que ninguna obra, por ejemplo, de Trollope.

Lo mismo se podría decir de la Francia de principios de siglo. Probablemente la que pervive más en el imaginario colectivo es la Francia de la novela de Proust *En busca del tiempo perdido*, que tampoco es una obra precisamente con ánimo testimonial.

Y en España, la imagen que nos viene de inmediato a la mente en el Siglo de Oro es sin duda la de *El Quijote*, más que ninguna otra.

¿Qué sentido tiene esta preocupación por testimoniar una época, si resulta que lo que queda como testimonial de una época es en gran medida una ficción? A lo mejor hoy en día las cosas cambian, porque hay televisión, porque todo se graba, se registra, se conserva. Hay archivos, también está el cine. ¿Quién es quién incluso para decidir qué es lo real y qué es lo no real dentro de ese campo al menos, dentro de la recreación o creación literaria de una realidad?

—*Conectando con el debate sobre la literatura comprometida, que tanto se ha apaciguado en los últimos tiempos, ¿existe todavía una responsabilidad ética del escritor? No me refiero al «j'accuse» de Zola...*

—Hace un año publiqué un artículo en *El País* que titulé si no recuerdo mal *La comprometida situación del compromiso*. Un escritor es obviamente también un ciudadano y si además escribe en prensa, como solemos hacer la mayoría de los escritores, en España al menos, es en la prensa quizá donde escriba artículos más de actualidad, y en ese medio se puede esperar de él o se puede desear de él que tenga un cierto compromiso con las cuestiones que afectan a su época, con las injusticias que se producen. Pedirle que eso sea trasladable también a su literatura, sea poeta, dramaturgo, novelista o ensayista, me parece excesivo, innecesario, y, si me apura, una falta de respeto.

Hay escritores que apenas escriben en los periódicos, como Eduardo Mendoza que escribe sus novelas en las cuales habrá quien vea ciertos grados de compromiso social o de preocupación social, y habrá quien no vea esto. Pero nadie, sólo alguien muy tonto realmente, podría reprocharle que no escriba artículos o que en sus novelas no haya suficiente cantidad de esto. No creo que la función de la literatura sea esa en modo alguno.

Que alguien opta por tener esa función y lo hace bien, bueno, pues no hay inconveniente alguno, por supuesto. Ha habido escritores comprometidos muy buenos, pero hoy en día sería absurdo pedirle, o reprocharle o exigirle a un autor que se ocupe de estos temas. Quizá sí podría reprochársele a un escritor que publica también en la prensa y que habla siempre sobre el sexo de los ángeles... Tal vez, pero sería suficiente con no leer sus artículos aburridos, eso es todo.

En aquel artículo contaba que esa función que habían tenido algunos escritores o intelectuales era prácticamente imposible que volviera a darse, debido principalmente a que se ha convertido en una rutina. Yo formo parte del Consejo del Departamento Internacional de Escritores y me mandan continuamente papeles para que los firme. Todo tipo de asuntos, protestas, una carta al presidente Clinton para que no ajusticien a tal condenado a muerte en los Estados Unidos, una protesta porque persiguen a miles de escritores en todas partes, etc. Todo ello está bien, normalmente son causas justas. Cuando eso se produce una y otra vez, su efecto es nulo.

Cuando Zola hizo lo que hizo, aquello fue una cosa excepcional, tan excepcional que tal vez la gente podía pararse a prestar atención ante el hecho más bien insólito de que un escritor que escribía novelas abandonara su tarea de novelista para ocuparse de un asunto de la vida pública.

Cuando la protesta de los escritores se da por descontada, cuando se sabe ya que se va a producir incluso a veces por tonterías, por cosas nimias, ¿qué efecto puede tener eso? Es algo con lo que todo el mundo cuenta, con lo que todos los políticos cuentan. «¡Ah, ya...! La carta de...» Es completamente inútil.

Otra de las cosas que ha dañado también mucho la imagen del escritor comprometido es el uso autopromocional o autopropagandístico que han hecho demasiados autores. La gente no es idiota. Cuando alguien va a Sarajevo o a sitios donde ya están las cámaras de televisión, más que ir a denunciar una situación desconocida, parece que han ido donde están los focos. Creo que hay, y ha habido, demasiados autores que están siempre ahí. Da la sensación de que están figurando, de que están aprovechando en su beneficio las situaciones injustas más que ayudando realmente en esas situaciones injustas, y eso, a la larga, se convierte en un cierto desprestigio para la figura del intelectual comprometido. Son dos elementos que hacen muy difícil que esa figura vuelva a tener eficacia o vuelva a ser, incluso, enteramente respetable.

—*Centrándonos un poco más en la literatura. ¿Se ha calmado del todo el debate sobre los «ismos», sobre las poéticas? Me da la impresión de que en la actualidad cada autor trabaja para sí y no se discute acerca de escuelas o de corrientes.*

—En efecto. Ha dejado de hablarse en general de tendencias y de clasificaciones. En España, durante mucho tiempo, más que en otros países, ha habido una especie de tiranía estética. Durante los años 50 y 60, o se escribía novela realista o real-socialista, o aquello no iba a tener ninguna consideración. Álvaro Cunqueiro, aunque es un autor que no me gusta mucho, en ciertos aspectos era como si no existiera porque escribía unas fábulas medio fantásticas, y en aquel momento era como si aquello no fuera siquiera literatura.

Luego hubo un periodo más breve en el que si no se hacía literatura experimentalista se arriesgaba uno a que lo consideraran arcaico. Y en España ha perdurado un poco esa especie de intentos de tiranías estéticas que, en general, no son buenas. En el momento en que eso ha terminado, también ha terminado la lucha por convencer de una tendencia o de otra.

En el fondo es una situación favorable; es mala para los profesores y críticos que tienen más dificultades a la hora de orientarse o a la hora de hacer bloques. A veces leo resúmenes de la actual hora de la novela española, y leo que hay novelas de mujeres, de detectives, etc. Enumeran en realidad tal cantidad de apartados que uno se pregunta qué sentido tienen. No han acotado realmente escuelas quizá porque es difícil, quizá porque en el fondo es imposible.

Desde el punto de vista del escritor estas clasificaciones casi nos dan risa, porque equivocados o no, independientemente del valor literario que cada uno de nosotros podamos tener, prácticamente todos los escritores nos consideramos más bien únicos. Único no quiere decir bueno; se puede ser único y muy malo. En mi caso, cuando empecé a escribir, no tuve reparos en tener modelos. Sin embargo, hay escritores jóvenes a quienes lo que más interesa es quedar como originales, como nuevos.

Una de las plagas de la literatura del siglo xx ha sido el afán apriorístico de originalidad. Un libro puede resultar original, pero si hay un afán previo de escribir algo nunca visto o de innovar tremendamente, los resultados no suelen ser gran cosa, y probablemente es el tipo de libro que queda más anticuado antes.

Todos los autores con una cierta obra, aunque podamos sentir simpatía por otros escritores—no necesariamente de nuestra propia lengua o país—y nos guste incluso pensar que pertenecemos a una cierta familia literaria, en el fondo todos tendremos a pensar más bien que somos rocas aisladas en medio del mar y que hay otras rocas. Puede que estemos equivocados, pero un escritor difícilmente se reconoce a sí mismo cuando se ve envuelto o descrito en medio de un movimiento o de unas tendencias.

—*Siguiendo en la perspectiva del autor, y dado que un autor es también un lector, me gustaría conocer su opinión acerca del canon. Y no me refiero exclusivamente a Bloom. ¿Puede hablarse de cánones?*

—En general quizá se está poniendo en duda la importancia de autores que parecían casi como seguros en la historia de la literatura. Y en parte ese libro de Bloom parece la reacción ante ese fenómeno. Hace poco escribí un artículo breve que me parecía significativo de lo que está pasando en esta época, sobre todo en los países anglosajones, que en este tipo de cuestiones van adelantados y lamentablemente me temo que, antes o después, nos contaminarán también a los países más meridionales. Recibí hace poco una carta de un señor londinense, en la cual en el preámbulo me decía: «ya sé que hoy en día está mal visto en el campo artístico considerar que haya unas obras superiores o inferiores... pero no puedo evitar atender a mi propio gusto.» Lo que me llamó la atención en la carta de este señor tan respetuoso, fue este preámbulo precisamente, en el cual se disculpaba en cierto modo con la persona a la cual iba a elogiar, a sabiendas de que esta época ni siquiera acepta jerarquías o prioridades. Esta tendencia, que cada vez va abriéndose más, y que en algunos lugares se expresa claramente diciendo «todo es arte pues nada es mejor ni peor que otra cosa», se ampara en que los baremos para juzgar ese peor y ese mejor nunca han sido de tipo científico, evidentemente.

Casualmente recibí esa carta al mismo tiempo que un día en televisión, durante la exposición de Arco, daban un reportaje. A una galerista inglesa o americana le preguntaban: «¿Qué es un artista?» Y la respuesta de la galerista fue: «Well, practically anyone can be an artist».

—*Esto me recuerda la frase famosa de Joseph Beuys: «Toda persona es un artista». Pero bueno, no toda persona es un artista como Beuys...*

—Eso es. En muchos campos, pero sobre todo en el artístico, se está produciendo una tendencia a lo que podríamos llamar un «igualitarismo fanático», que vendría a decir no solamente lo que todos los demócratas en principio aceptamos, todos los hombres son iguales, «en principio» habría que añadir, todos los hombres son iguales ante la ley, etc.

—*Ciudadanos...*

—Sí como ciudadanos, y tienen los mismos derechos como ciudadanos, derechos básicos por otra parte. Tampoco se puede aceptar esa otra idea de que todo el mundo tiene derecho a todo. Todo el mundo tiene derecho a una serie de cosas básicas, pero no todo el mundo tiene derecho a cualquier cosa. Porque hay derechos que se ganan. Se ganan por ejemplo con lo que se hace. Entonces da la impresión de que los hechos no importen mucho, de que la idea de igualitarismo sea tan fuerte o tan rudimentariamente entendida a veces, que parece que esté por encima de cualquier cosa e incluso por encima de los hechos, de los actos y de las obras.

—*¿Podría pensarse quizá en una tiranía de la tolerancia?*

—De la tolerancia y sobre todo de una especie de igualitarismo no ya de principio, que en eso estamos de acuerdo, sino absolutamente inamovible. Quizá exagero un poco, pero son tendencias que yo veo. Esto sería gravísimo porque se trataría en realidad de una especie de anulación del libre albedrío, de una anulación de la libertad individual, de una anulación de las consecuencias de los hechos y de los actos. Es como si cuando al comenzar el segundo tiempo de un partido de fútbol, se dijera después de que un equipo hubiera metido tres goles y el otro cero, no, ahora estamos uno a uno. Seguimos siendo iguales. Nadie iría a ver el partido. Sería convertir todo en una farsa.

En el arte se da la idea de la creatividad y de que todo es creativo en mayor medida que en otras actividades. Está muy bien, que todo el mundo haga lo que quiera. Hay gente que se molesta mucho porque escribe novelas todo tipo de gente que en principio no son novelistas. Hay gente que se irrita porque Naomi Campbell escriba. A mí no me irrita nada, me parece estupendo; tanto derecho tiene Naomi Campbell, como yo o como Borges—aunque no escribió novelas. No me molesta nada, ni hay ningún intruso en esto. Lo que sí sucede es que no son iguales los hechos ni las obras. Esa especie de abolición fanáticamente igualitarista de lo que podríamos seguir llamando cánones—que son discutibles por supuesto y que además son variables—es muy grave si en un momento dado la sociedad no se atreve siquiera a preferir una cosa sobre otra o si se entrega la preferencia sólo a las ventas, que es lo que también puede estar pasando. Esto sí que es matemático, es tan matemático como en las clasificaciones de los equipos en la liga de fútbol. Si se hace la clasificación de los libros vendidos también ahí hay números, pero si entregamos las prioridades, las jerarquías a eso, entonces estamos hablando de una cosa muy distinta a la literatura. Y no digamos si se dice que todo es igual de bueno o que nada es mejor ni peor que otra cosa.

Hablando del canon, me parece que lo que sí que hay que hacer es intentar mantener la idea fundamentada de que no todo es igual, de que hay obras de arte y hay obras a secas.

—*Una pregunta concreta. Resultaría sencillo ponernos de acuerdo sobre las «cumbres» de la literatura, pero como lector siempre encuentro, por consejo de algún amigo, un libro no leído que está considerado «de segunda fila» aunque es de muy buena calidad. ¿Qué autor me podría aconsejar que no forme parte del canon «canónico»?*

—Tendría que pararme a pensar sobre todo quiénes forman parte de ese canon absoluto y quiénes no. Desde luego hay autores secundarios o menores, o que a veces simplemente han hecho una obra escasa. Lo que tienen es bueno pero no es mucho, como el caso de Büchner que murió muy joven y por tanto no se le puede comparar con Shakespeare o con Goethe, y sin embargo lo poco que quedó, pensando en que murió con 23 años, creo, le hace a uno pensar que quizá sí era tan grande como los más grandes, sólo que no tenemos más que el indicio.

—*Un indicio muy claro.*

—Sí, pero sólo tenemos tres obras de teatro y poco más. Hay una autora que a mí me parece extraordinaria y que quizá no está suficientemente considerada. Por un lado se la consideró durante muchos años menos de lo que se debe porque escribía cuentos, y siempre pasa con los autores de cuentos, parece que cueste más que se les considere grandes. Al final sí se ha hecho con Poe, o con Borges por supuesto, incluso con Kipling, pero cuesta quizá más. Y luego me temo que una película que se hizo sobre su vida tampoco la benefició en su momento como autora a tomar en serio. Me refiero a Karen Blixen. Una autora extraordinaria y que quizá no está en los cánones. Probablemente está en *fiction* y no en *literature*.

—*Una pregunta que en parte está ya contestada. Enzensberger publicaba a finales de los años 50 un* Museo de la Poesía Moderna. *Esta antología recogía la poesía de tradición mayoritariamente europea. En su reedición del año 1980 escribió que ya no era posible publicar un «mu-*

seo», que lo que habría que hacer sería elaborar un Atlas de la Poesía actual. *La literatura de fuera de Europa, ¿en qué medida ha transformado nuestra concepción de la literatura y de nuestras formas literarias, de la novela por ejemplo?*

—De los autores que he leído que provienen de países que no son europeos o de tradición europea, como es toda América en principio, tanto Estados Unidos como la América de habla española o el Brasil, no veo que hayan aportado tanto, o si lo han hecho ha sido a nivel individual. Más bien se han incorporado a una tradición. Estoy hablando de unos pocos casos, Salman Rushdie o Vikram Seth, que más bien se incorporan a esa tradición. En Seth, uno de sus primeros libros está directamente inspirado por el *Eugenio Oniegin* de Pushkin, y su más famosa novela, *A suitable boy*, ha sido comparada con *Guerra y Paz*. Me da la impresión de que es una novela que entraría absolutamente dentro de los cánones casi tradicionales. Y también algún poeta como Derek Walcott que proviene de una región de América menos integrada dentro de esa tradición europea de lo que pueda estarlo México o Argentina.

Hablemos de la novela. La novela es un género tan amplio—se amolda, se estira, admite, incluso engulle prácticamente todo—que cualquiera de las posibles o aparentes innovaciones que vengan de un lado u otro probablemente no me van a hacer pensar que el criterio al que estamos acostumbrados tenga que variar por eso. Tendrá que variar quizá porque se dé algo más amplio, pero no por una cuestión geográfica.

Como traductor que he sido suelo decir que dentro de la idea de las literaturas nacionales, que durante tanto tiempo ha funcionado con gran vigor y que aún funciona en parte, la lengua en la que alguien escribe, con ser importante, que lo es, es algo secundario. Hay varias pruebas.

La primera es que todo puede traducirse—habrá quien dirá que nada puede traducirse, también sería verdad.

Eso por un lado. No sólo puede traducirse todo sino que además se puede traducir y que siga siendo la obra que era en el original. Es un asunto muy misterioso que nos llevaría a otra hora y media de conversación.

En segundo lugar, concibo perfectamente a los escritores que han optado por una lengua o por otra. No son muchos pero tampoco demasiado pocos. Conrad, cuando empezó a escribir, se planteó si escribir en polaco, o en francés que era una lengua que conocía bien—su padre había sido traductor del francés al polaco—, o en inglés que de hecho era una lengua que no conocía todavía demasiado bien porque la había aprendido de mayor. Pudo elegir. Beckett, Nabokov, por supuesto; hay varios casos en los que se produce una elección, a veces en muchos textos ni siquiera sabemos si primero los escribió en francés o en inglés porque se publicaron a la vez. La obra de Beckett no es distinta por elegir un idioma u otro.

Y en tercer lugar puedo concebir perfectamente a un Proust italiano. No me parece que Proust sea como es porque fuera francés, porque escribiera en francés y perteneciera a una tradición literaria que es la francesa. Quizá no imagino a un Proust noruego, por ejemplo, pero sí italiano, perfectamente, no veo porqué no podría haber existido. No creo que los elementos lingüísticos y geográficos sean muy determinantes a la hora de hablar de literatura o a la hora de contar con que la literatura pueda cambiar realmente en su concepción.

Hay un cuarto elemento que es una obviedad, pero que nadie dice. En función de esas cosas de lo políticamente correcto, etc., se critica cada vez más que la visión que tenemos o que se tiene en Europa, o incluso en América, es una visión que llaman «eurocentrista». Claro que sí. ¿Cuál quieren que sea? Igual que probablemente en la China tendrán una visión sinocentrista. Es normal. En realidad se están pretendiendo cosas que son imposibles y además innaturales.

Recuerdo que hace bastantes años en Munich, cuando salió mi primer libro en Alemania, publicado en alemán, que fue *Todas las almas*, que pasó bastante inadvertido, hice una pequeña gira por dos o tres ciudades leyendo algunos fragmentos en español que alguien leía luego en la versión alemana. En Munich hice una lectura y luego hubo un coloquio. Una señora del coloquio me dijo: «Usted ha empezado uno de los fragmentos que ha leído diciendo algo así como «cuando un hombre está solo y en el extranjero». ¿Por qué ha dicho «cuando un hombre está solo» y no «cuando una persona está sola»? «Le contesté que porque el que escribe es un hombre. Aparte de que aquí «un hombre» equivale a «uno», «cuando uno está solo», pero en todo caso aquí hay un narrador en primera persona, y el narrador en primera persona se piensa a sí mismo, está hablando de sí mismo, por supuesto como hombre. Y cuando hablamos de verdad, cuando hablamos sinceramente no estamos teniendo el cuidado de decir «cuando una persona». Es así de simple, y todo lo que no sea así es una falsificación de nuestro discurso, de nuestra manera de ser, etc.

Algo similar ocurre con lo del eurocentrismo. Los valores con los cuales juzgamos son los de siempre, pues sí, ¿por qué no? Los de siempre con las modificaciones habituales y normales. No pueden ser otros. Ocurre como cuando en la celebración del quinto centenario del descubrimiento de América que se dijo que nada de descubrimiento, que era el encuentro y no sé qué tonterías. Para nosotros, desde este lado, fue un descubrimiento. Lo que no se puede es quitar la subjetividad ni el punto de vista que es lo que se pretende en tantas ocasiones. Es que además, si se logra eso, poco interés tendrá lo que la gente diga, poco interés tendrá lo que la gente escriba si todo se esteriliza, en el sentido médico de la palabra. Por tanto lo del «atlas» pues sí, pero, ¿por qué no mantener más o menos el criterio «eurocentrista»? ¿Qué otro podemos adoptar? ¿Podríamos mantener un criterio africano o chino? Es ridículo pretender que alguien haga esas cosas. Sin embargo es lo que se pretende demasiado a menudo.

—*Hablando de traducciones, ¿se le ocurre algún libro que habría que traducir, que no se haya traducido al castellano?*

—Le menciono uno que he leído hace poco tiempo. Es un libro alemán. Se trata de un diario que se publicó por primera vez en los años 50. Está incluido en una colección muy exquisita que tiene precisamente Enzensberger que se llama *Die andere Bibliothek* (*La otra biblioteca*). Es un diario de un autor que se llama Friedrich Reck-Malleczewen. Es un diario de los años 30 y primeros 40. Este hombre luego murió en Dachau en el año 42. El diario de un verdadero opositor alemán que no era judío. Que yo sepa no se ha traducido nunca al castellano. Es literatura también por supuesto. Es muy impresionante también desde el punto de vista literario. Se llama *Diario de un hombre desesperado*.

—Para romper las reglas del juego, podría formular una pregunta en lugar de dar una respuesta. ¿Qué pregunta le haría al lector de este libro?

—¿Qué justificación hay, aparte de la posible razón empresarial y de la posible razón de lo que he llamado «fanáticamente igualitarista» de que todo vale y de que todo está muy bien, para que se publiquen y leamos tantísimos libros malos como hoy en día se leen?

EDUARDO MENDOZA

—*Se ha creado una situación paradójica. Los círculos intelectuales auguran un mal futuro a la lectura. Se habla de la caída de la galaxia Gutenberg, y sin embargo, los editores publican cada vez más títulos y el mercado de libros está en plena efervescencia. ¿Cómo ves el estado de salud del libro?*

—Considero que los dos fenómenos son el mismo pero todavía no he averiguado cuál es causa y cuál es efecto. Seguramente hay una correspondencia recíproca.

La mayoría de los editores no pueden tener un criterio de calidad cuando publican a veces un libro diario, o dos, o hasta cuatro libros todos los días del año.

Es cierto que los libros cada vez interesan menos y son tratados como cualquier otra mercancía sometida a las leyes de la producción masiva. El libro se convierte así en un producto más. La mayoría de ellos son intercambiables. Así pues, al convertirse en este tipo de producto con tan poco peso específico, no hay ninguna razón para no optar por otro entretenimiento más fácil como la televisión o los juegos de ordenador. Lo que está ofreciendo en realidad el libro es muy poca cosa más.

Sin embargo, no todo el panorama es tan abrumador. Las ventas y la demanda de libros de mayor contenido—de literatura clásica menos coyuntural—están aumentando. Es cierto que la lectura se restringe, pero también se profundiza. Posiblemente, después de una época de expansión estamos regresando a lo que siempre debió ser la lectura seria.

—En algunos países, «lectura seria» es sinónimo de una literatura con un fuerte componente reflexivo. En el mundo anglosajón, por ejemplo, se establece una distinción entre fiction *y* non-fiction. *¿Cómo contemplas la relación entre reflexión y narración?*

—A la lectura se le está exigiendo un contenido mayor porque el elemento de entretenimiento que siempre ha tenido la literatura queda cubierto en la actualidad por otras posibilidades tecnológicas, y también no tecnológicas. Entre estas últimas tenemos una cierta forma de vivir la ciudad que muy pocas veces se tiene en cuenta, pero que influye mucho a la hora de ocupar las horas de ocio: salir a cenar, pasear por la ciudad, disfrutar de los espacios urbanos, son ocupaciones que antes los ciudadanos no tenían.

Hay muchas ofertas para el ocio que no necesariamente ha de cubrir la literatura y, a la vez, hay un movimiento hacia una literatura más reflexiva, más densa, que es la *non-fiction*, porque la *fiction* tiene siempre una connotación de literatura de entretenimiento más acusada.

Se trata de un fenómeno natural y cíclico. Durante unos años la ficción ha ocupado mucho terreno, ha sido el ágora donde se debatían las concepciones del mundo y de la vida, y ahora esto está pasando a otro terreno. La *fiction* ha agotado un poco sus recursos. Adquirirá otros o los renovará, pero de momento, debido a su agotamiento, se está empezando a imitar a sí misma, y por lo tanto está perdiendo fuerza. No estoy predicando la famosa muerte de la novela, simplemente se trata de un estadio de este fenómeno cíclico.

—*Al novelista se le puede situar a medio camino entre la crónica y la fabulación, entre la memoria y la creación. ¿Cómo trabaja el novelista la memoria?*

—Esta función la está ocupando últimamente el periodismo. Ha habido una transformación en la prensa que está influyendo decisivamente en la forma de la novela.

Por el tipo de novelas que he escrito, he tenido que consultar muchos periódicos viejos en las hemerotecas, y he podido apreciar una diferencia muy notable en distintas épocas. El periódico antiguo casi no nos sirve a la hora de recuperar la historia cotidiana de la ciudad. Es una prensa de noticias y de opinión, pero no es la crónica de la vida cotidiana. Esto ha cambiado en los últimos años. El periodista está ocupando cada vez más el terreno que anteriormente estaba reservado a la novela, a las memorias.

Ahora el periodista es muy consciente de que está retratando para las futuras generaciones la crónica de los modos de vivir en un lugar. Y con ello está desplazando a un sector de la literatura.

De la misma manera que la novela desplazó en el pasado a otros géneros literarios, ahora el «género costumbrista»—por llamarlo de alguna manera y sin ninguna connotación negativa—lo está ocupando el periodismo.

Cada día los periódicos son más voluminosos, y dentro de poco serán más gordos que los libros.

Ha habido una necesidad de recuperar la historia, pero no la gran historia sino la vida cotidiana y sus orígenes, una necesidad de entender los cambios en las formas de vida tan marcados de las últimas décadas. La novela ha estado intentando dar una respuesta, y la *non-fiction*, también. Este escarbar en la historia reciente, este entender cómo pensaban las personas hizo aparecer un tipo de novela que me parece un poco agotada ya.

—*También parece agotado el debate sobre la literatura de compromiso. ¿Tiene alguna responsabilidad ética el escritor de hoy?*

—No hay una respuesta general. La *non-fiction* evidentemente está obligada a plantear temas y a profundizar con rigor y esfuerzo. Pero también existe una responsabilidad en el campo de la ficción.

El compromiso no debería ser exclusivamente con las posturas políticas del momento o con problemas práctico-sociales, sino sobre todo con los dilemas morales. Éste sí debe ser uno de los temas principales en la literatura. Tenemos que plantear estos dilemas, incluso a riesgo de perjudicar el ritmo narrativo, la estructura, la simetría, la espontaneidad a veces. Pero no debemos transmitir un mensaje directo señalando con el dedo porque ésta es una manía de los maestros.

Al analizar un texto literario, los escolares, incluso los estudiantes universitarios, lo que van a buscar siempre es la crítica social, cosa que a veces significa un esfuerzo tremendo. Buscar la crítica social en *La recherche du temps perdu*, es un esfuerzo penoso porque es muy difícil encontrar una crítica que diga «La rue de Rivoli está mal pavimentada».

Los maestros suelen buscar pistas claras. En el caso de España, esta manera de proceder viene condicionada clarísimamente por una obsesión de cuarenta años de lucha contra un gobierno mediocre que nos ha hecho igualmente mediocres a nosotros. Se creó una especie de automatismo donde sólo servía el ataque por la espalda, y parecía que únicamente la puñalada debía interesarnos a la hora de leer.

Afortunadamente, esto ha desaparecido del todo. Además es un terreno que el periodismo actual cubre de sobra y con mayor precisión, día a día, de una manera mucho más inmediata y coyuntural.

Así pues, la literatura puede volver a trabajar en los espacios más dilatados y, por tanto, sus planteamientos han de ser mucho más abstractos.

—*O estéticos, en el sentido de un compromiso del autor con su oficio.*

—Con el oficio sí, pero también creo en el compromiso moral. Todavía no he perdido este resabio de mis años juveniles. Un compromiso que no tiene que ser con el detalle local y diario sino que puede ser un dilema moral porque sólo eso tiene verdadero interés para el lector.

Está reapareciendo con mucha fuerza un novelista como Dostoievski que plantea continuamente terribles e imposibles dilemas morales pero que, en cambio, está muy apartado de la crítica política concreta. El debate entre el bien y el mal, la justicia o la culpa siguen siendo temas fundamentales de la literatura. En la medida que los pierde, se pierde ella o se convierte en puro entretenimiento.

—*¿No deberían transmitirse estas cualidades de la literatura en la enseñanza?*

—Por supuesto. Pero la literatura tiene enemigos terribles. Uno es la forma en que se enseña la literatura en las escuelas, y otro es la crítica que se hace en los periódicos. Dos factores que están haciendo de la literatura algo muy antipático y muy árido.

—*Ya no existe, como en los años 70 u 80, un debate general sobre la posición estética o poética. Parece que se deja en paz a los autores y que cada uno trabaja a su manera. ¿Ha finalizado el debate entre tradicionalismos y vanguardias?*

—No, lo que hay es un movimiento cíclico. Las vanguardias fueron un movimiento necesario de perturbación que nos está permitiendo ahora volver a poner las cosas más o menos, y temporalmente, en su sitio. Estamos arreglando un poco el desorden. El humo de la batalla se ha levantado y ahora podemos establecer hasta cierto punto un nuevo orden. Quizá el plazo es un poco corto. Estamos impacientes porque hace cincuenta años que terminaron las vanguardias y todavía no hemos visto el recambio. Quizá no haya recambio o quizá el recambio sea este poner en orden las cosas.

Como hijo que soy de los formalistas de los años 60 y del *nouveau roman* francés, sé hasta qué punto me ha servido para rebelarme contra ellos, pero también para aprovechar toda su operación, porque sin eso habría sido el último eslabón de una cadena en decadencia. Gracias a esa renovación se ha abierto una perspectiva nueva, tanto hacia al futuro como hacia el pasado. Nos ha permitido releer con otros ojos y por tanto reinterpretar la concepción de la novela, de la poesía y del teatro. Y quizá ahora es el momento de sacarle provecho a esas vanguardias.

—*Precisamente en el campo de los géneros literarios, ¿ves alguna reordenación o algún cambio?*

—Al desmontar el lenguaje, las vanguardias pusieron la tramoya al descubierto. Hasta cierto momento histórico lo que se pretendió en el teatro o en la novela fue que el espectador o el lector creyeran lo que estaban viendo o leyendo. Pero llega un momento en que se le arranca la venda de los ojos, y se le dice: «No, estás viendo teatro, no la historia de, sino una obra de teatro que representa esa historia; estás leyendo una novela hecha de formas y convenciones que narra una historia». El teatro se puede representar sin decorado y sin vestuario, se ve lo mismo: unos actores que están recitando un texto en el que se propone una historia. En una novela ocurre algo similar: hay unas palabras y unas formas gramaticales que proponen una historia. De este modo, los géneros pasan a formar parte del lenguaje y permiten combinaciones. Pueden ser utilizados como elementos adicionales del lenguaje y no como estructuras bajo las que ampararse.

Según algunos autores de tesis y tesinas, yo he hecho «posmodernidad» sin saberlo, como el personaje de Molière que hablaba en prosa. Utilizamos el género como una convención más dentro de un género más amplio que es ensalada de géneros. En la gastronomía ha sucedido lo mismo.

—Has dicho que eres hijo de las vanguardias de los años 60. Esto me lleva a la cuestión de padres e hijos en la literatura. Desde la perspectiva del autor, ¿existen para el escritor patrones o modelos?

—Como en todo, también cuando uno escribe lo hace imitando y asimilando, con los riesgos inevitables del mimetismo. Tiene que haber una tradición para asimilarla y también para romper con ella.

Es verdad que nosotros tuvimos unos modelos como también unos enemigos a los que odiábamos ferozmente. Había autores a los que admirábamos y a quienes imitábamos en ocasiones, aunque no siempre. Todos mis compañeros de promoción somos hijos de Juan Benet, a pesar de estar muy apartados de su forma de escribir, pero no, en cambio, de su forma de entender la escritura.

Lo que no hay ahora es esta comunicación generacional. Cuando nosotros éramos jóvenes buscábamos la compañía y compartíamos muchas horas con autores que eran mayores que nosotros. Ahora la división generacional está muy marcada.

Este fenómeno tiene orígenes económicos. En general, el mercado ha trabajado eficazmente en la división sectorial por edades. Hay por ejemplo todo un mundo abocado a los jóvenes, una producción expresamente hecha para su consumo: películas, música, bares, diversiones, drogas..., que les produce la ilusión de una independencia generacional.

En lo referente a la literatura, la creciente imposición de las leyes del mercado ha obligado al autor a profesionalizarse. Antes era más vocacional, entre otras cosas porque no daba dinero. Ahora hay premios literarios muy importantes económicamente, existe la posibilidad de salir mucho por televisión. Se ha creado una especie de competencia en la que los mayores son por necesidad el enemigo de los noveles.

Cuando yo empecé a escribir y a publicar nunca ambicioné un escaño en la Real Academia. Ahora sé que los jóvenes están esperando a que se muera Francisco Ayala para que deje un asiento porque quieren hacer carrera. Y eso hace que no tengan tantas ganas de conocer, no vaya a ser que sientan simpatía por sus mayores; hay que fomentar el odio y la hostilidad. Quizá somos más aburridos que antes...

Ha habido cambios significativos, ha desaparecido la tertulia, una de las pérdidas más tristes. El tiempo de sentarse, de reunirse, de hablar y de perder el tiempo tomando una cerveza y un aperitivo y unas aceitunas, que antes ocupaba quizá el setenta por ciento de la vida activa de los españoles. Y ahora nada. Antes uno sabía que yendo a determinados bares iba a encontrar a alguien, seguro. Ahora esto es impensable.

—Una pregunta muy concreta. Nos podríamos poner de acuerdo rápidamente sobre las «cumbres» de la literatura...

—Y sobre los abismos también.

—También, pero quedémonos en los valles. ¿Se te ocurre un título o un autor a quien habría que leer y que no pertenezca al canon?

—En el campo de la novela policíaca y de misterio hay autores muy competentes e ingeniosos por los cuales siento una gran simpatía. Llevo bastante tiempo sin leer lo que querría leer, sino lo que tengo que leer por compromisos y obligaciones. Ésa es una de las cosas que se pierden con la profesionalidad.

Un nombre que se me ocurre, aunque no sé si no pertenece o no podría entrar ya en el gran canon, es Pío Baroja. Es un autor que siempre me produce una satisfacción que no puedo justificar.

—La literatura de las «periferias», ¿ha modificado sustancialmente nuestra concepción de la literatura?

—Un fenómeno es la literatura latinoamericana, y su continuo ir y venir con respecto a la española. Pero no me parece que sea «periférica». Desde el siglo pasado ha estado en comunicación casi directa con la Península y ha habido momentos de influencia de uno y otro lado. Todos los que escribimos ahora recibimos una enorme influencia del *boom* de los 60 de América Latina, pero no en la medida en que eran periféricos sino en la medida en que eran unos españoles que se habían salvado de la máquina trituradora que había pasado por aquí, y que tenían una concepción de la literatura mucho más viva, fresca y narrativa de la que había aquí.

Otro fenómeno es el de las literaturas distintas, orientales o africanas. No sé muy bien si nos referimos siempre al mismo fenómeno. La literatura africana es una literatura generalmente hecha en inglés o en francés, y por lo tanto ya asimilada. La literatura japonesa a mí me parece excelente. Algunos de los mejores novelistas de este siglo son Junichiro Tanizaki y sobre todo Yasunari Kawabata. Pero tampoco sé lo que estamos leyendo porque hay unas traducciones que son prácticamente versiones, y a veces no sé si esto que nos parece tan sugerente es únicamente la «estampa» del traductor.

En los años 40 y 50 las traducciones que se hacían en España eran horrorosamente malas. Mucha gente se ponía a traducir porque tenía que ganarse la vida y traducía con un diccionario sin saber inglés, palabra por palabra, con lo cual salían cosas sorprendentísimas que a mí me gustaban mucho cuando las leía porque me parecía que aquello era vanguardismo y surrealismo. Y no, era simplemente un traductor incompetente. O sea que nunca se sabe. Soy muy mal lector. Me parece que hay grandes autores. Sin embargo no sé si hay una literatura que pueda hacernos salir de nuestra vía.

Habría que retraducir muchas cosas. La traducción, a diferencia del original, se gasta muy deprisa. Es un fenómeno que habría que estudiar. ¿Por qué cada veinte años hay que hacer una traducción del mismo libro?

Realmente las traducciones envejecen mucho, y no, en cambio, el original.

—*En Alemania ha aparecido recientemente una retraducción de Montaigne. Todo el mundo está entusiasmado. Nunca se leyó a Montaigne como ahora.*

—La traducción seria es casi inexistente. Para los grandes clásicos seguimos disponiendo de unas traducciones muy defectuosas, y muchas veces falsas. A menudo se tradujo a los rusos a través del francés. Los ingleses son muy malos traductores; no traducen y lo que traducen lo hacen mal. Los franceses son muy buenos traductores y cada diez años hay una traducción nueva de *El Quijote*, por ejemplo, con las nuevas teorías de los hispanistas y con transformaciones también en el lenguaje. Lo mismo sucede con los clásicos griegos y latinos.

—*Hubo un periodo en España en las primeras décadas del siglo XX de una gran labor de traducción de textos originales, por ejemplo alemanes, y con poco retraso respecto a la publicación del original. Este esfuerzo se perdió después.*

—También se perdió la tradición de traductores del árabe, por ejemplo. Había una importante escuela de traducción del árabe con una tradición casi ininterrumpida de presencia de la lengua árabe en España. Eso se perdió y es irrecuperable.

Hubo una época espléndida—que todavía pervive—de traducción al catalán, animada con una intención de rehacer toda una literatura con sus correspondientes traducciones. Hay unas grandes traducciones de los clásicos, pero también de los rusos y de los alemanes. Algunos editores, como Jaume Vallcorba y otros, todavía siguen dedicándose, de una manera casi suicida, a la traducción de nivel. Hay pocas editoriales que apuesten fuerte por la traducción seria.

—*¿Cómo ves la influencia de la imagen fabricada, de la televisión por ejemplo, en la lectura y en el lector?*

—Hay que contar con este fenómeno. Antes la literatura tenía que ofrecer imágenes y ahora ya no es necesario. Y esto no sólo se debe a la tecnología de la imagen sino también a otros fenómenos que casi nunca se consideran cuando se habla de estos temas, por ejemplo la facilidad que tiene la gente para viajar. Antes había un género literario que era la novela exótica porque pasaba en Estambul o en Tahití. Ahora los niños de doce años han estado ya en Bali, en la India. Entonces muy poco les puede ofrecer esta descripción de paisajes y ambientes, a lo sumo puede haber una reflexión sobre lo ya visto o una ordenación de las imágenes que llegan de una forma caótica. Pero no existe esa necesidad, basta con remitir: «Estoy en la India» y ya está. Todo el mundo ha visto muchas películas, incluso mucha gente ha estado allí, así que no hace falta decir que las vacas van por las calles. Se da ya por sobreentendido. Desde hace bastante tiempo se nota este automatismo que puede resultar peligroso: la novela, en vez de describir remite a una imagen que el lector ha de tener en su propio archivo.

—*Me sorprende la cantidad de guías que se publican. Ahora la gente viaja informada, con su libro de viaje en la mano.*

—Hay una librería fantástica en Barcelona que sólo vende guías y libros de viaje. Esto era antes impensable, y en cambio, yo recuerdo algunas revistas españolas de los años 40 o 50 en las que había corresponsales o viajeros que iban a un lugar y hacían una descripción de cómo era ese sitio. Las crónicas de Josep Pla están muy bien escritas, pero no dejan de ser sorprendentes. Describe cómo es Amsterdam, la ciudad, las avenidas, los canales, o un viaje a Frankfurt. Esto hoy día no tiene sentido. Todo el mundo está aburrido de ir a Amsterdam. Y no digamos a París. Ni el público más provinciano necesita esta descripción; por tanto no hay que hacerla.

—*¿Qué pregunta te harías a ti mismo sobre el destino de la literatura?*

—En la reflexión sobre la literatura se parte de una diferenciación entre lector y escritor bastante marcada. Como «posmoderno», soy de los que creen que la literatura la hacen a medias el autor y el lector. Y no hay un lector fijo ante el cual vaya cambiando la literatura.

Habría que empezar a estudiar seriamente los cambios en el lector. Los libros antiguos han cambiado sin cambiar; lo que ha cambiado es el imaginario del lector. Ésta es una de las cuestiones que deberíamos plantearnos: más que el cambio del producto, el cambio del consumidor.

El lector actual, después de las vanguardias y aunque él no lo sepa, se ha convertido en un crítico, lee ya con una conciencia crítica. No es el lector inocente que se entrega por entero al juego que le propone Victor Hugo, sino un estudioso que analiza frase a frase el tejido de cada escena. Se ha perdido la ingenuidad del lector. El lector más ingenuo ahora es más sabio que el lector más sabio del siglo XIX.

Incluso en el cine de mayor consumo, en las películas de aventuras, todo el mundo percibe los efectos especiales. Por eso los actores famosos quieren hacer papeles de malo, cosa que habría sido impensable en la época de los años 50 o 60. A los actores míticos, John Wayne o Gary Cooper, nunca se les habría visto haciendo de monstruo o de robot que asesina a la gente. Ahora sí porque nadie se toma eso en serio. La sangre ya no nos impresiona porque hemos visto muchos documentales del tipo *Así se hizo Titanic*, y sabemos que la escena de toda aquella gente que se ahoga está hecha por ordenador.

Por una parte somos conscientes de esto, y por otra parte cada día la televisión nos está dando imágenes de escenas horrorosas y reales mientras seguimos comiendo. Mi pregunta sería: ¿qué nos podrá conmover verdaderamente? ¿Qué nos ha pasado a nosotros y no a los libros?

QUIM MONZÓ

—*La primera pregunta señala una paradoja. Por un lado, las editoriales publican cada vez más títulos, y por otro, en el mundo intelectual se oye a menudo el anuncio de la muerte del libro. ¿Cómo ves el estado de salud del libro?*

—La muerte del libro... La muerte de la novela... La muerte del cine, incluso... El mundo de la cultura está lleno de agoreros aficionados a proclamar la muerte de algo, como esos predicadores que pasean por las calles de las ciudades norteamericanas con pancartas que anuncian: «¡El fin del mundo está cerca!». Y el mundo nunca acaba de acabarse. Con la muerte del libro pasa lo mismo. Estos últimos lustros, con el desarrollo de la informática y de internet, nos han repetito mil veces que el libro se acababa y que la gente leería en pantallas de ordenador y... La prueba de lo equivocados que están es que los periódicos *on line* tienen clarísimo que, *on line*, los artículos periodísticos no pueden ser tan largos como en el periódico de papel. Porque, en pantalla, uno no puede leer confortablemente más que unas pocas líneas.

El resultado es que el libro goza de un muy buen estado de salud. Cada vez se publican más títulos. Se venden menos ejemplares de cada título, eso sí, pero por algún chanchullo milagroso, a los editores siempre les salen los números y las cuentas acaban por cuadrarles.

—*¿Abundancia significa calidad?*

—Por deformación, más bien personal que profesional, desde siempre intento leer todo lo que puedo y descubrir autores recién publicados. Y ahora pasa que, cuando voy a una librería, entro y veo mesas y mesas, con montones y montones de libros que no sé si son buenos o malos. Y tengo que descubrirlo por mí mismo, porque ¿de quién me fío? De muchos editores no me puedo fiar porque cada vez hay más que editan cualquier cosa. Ya no seleccionan, como antes. Antes, los editores filtraban: editaban sólo aquellos libros que creían que valían la pena. Ahora, muchos lo editan todo, como si no pudiesen permitirse no editar un libro y que entonces resulte que ése es el libro que triunfa. No te puedes fiar de muchos editores pero tampoco de la crítica. Porque parte de la crítica forma lo que podríamos denominar la Cofradía de la Alabanza Mutua, cuyo escudo de armas es un enorme ano y una lengua rampante con la divisa «Hoy por ti, mañana por mí». ¿Resultado? Cada vez que entras en una librería y ves esos montones de libros sientes que un sudor frío te recorre el espinazo.

—*¿Cómo ves desde la perspectiva de autor esos montones de libros en las librerías?*

—O te los lees todos o nunca sabrás si te pierdes algo bueno. Otra solución es adoptar aquella actitud distante que adoptan algunos escritores: «No, ya no leo escritores actuales. Sólo leo a los clásicos...» Es una posibilidad. Pero me da rabia perderme algo bueno, simplemente porque sea nuevo y se pierda en el océano de novedades de cada mes.

En cualquier caso, el lector común, que no tiene tiempo ni coraje de leérselo todo para decidir por él mismo qué vale la pena y qué no, se retrae, da media vuelta, se larga a casa y pone la tele.

—*¿Cómo influyen los nuevos medios audiovisuales en la clásica división de la literatura en poesía, narración y drama, es decir, en los géneros literarios?*

—El siglo xx ha sido espléndido. En literatura ha sido revolucionario, y no por las vanguardias, sino porque por primera vez no hay porqué ir a remolque de ninguna escuela, de ninguna corneta. En otras épocas, había siempre un movimiento que marcaba el paso y todo el mundo estaba obligado a seguirlo, y ay de aquél que no lo siguiese porque entonces desaparecía del mapa. Con los años nacía otro estilo, que arrasaba al precedente, y entonces era ese nuevo estilo quien marcaba el paso, de forma que ahora quien desaparecía del mapa era quien no siguiese ese nuevo estilo. Y así. En el siglo xx eso se acaba. Por primera vez cada cual escribe como le da la gana, sin miedo a desaparecer del mapa si no sigue la consigna. Conviven vanguardistas con conservadores. Unos cuestionan los géneros literarios y otros los siguen a rajatabla. Unos siguen fieles al realismo, otros lo cuestionan en parte y otros salen volando. Se escribe de forma que no se entienda nada y se escribe de forma que se entienda todo. Se escribe corto y se escribe largo, se escribe con belleza y con fealdad, y con sobriedad y con exceso. Y no pasa nada. Se pone todo en cuestión, y quien no pone nada en cuestión también tiene derecho a escribir con la cara alta. Es curioso que, a punto de cerrarse el siglo, se oigan algunos lamentos que añoran el toque de corneta y el marcar el paso todos a la una.

—*¿Qué motivo podría haber debajo de este retorno a la normativa?*

—La libertad absoluta da pánico. Muchos necesitan refugiarse en las faldas de una norma que les diga qué está bien y qué no. ¡Es terrible tenerlo que decidir uno mismo! Vaya inseguridad. Pasa como con los hijos de padres progresistas. Asilvestrados en una supuesta total libertad y sin que les prohiban poner los pies encima del sofá, de mayores buscan desesperadamente la norma y la disciplina, para no sentirse perdidos.

—*De todos modos, supongo que como autor tú también tendrás unos patrones adquiridos con la lectura.*

—Cada escritor tiene su canon. Cada lector, supongo. Yo sé qué escritores admiro, los que me han formado, los que me han abierto ventanas. Los que leía a los trece, a los catorce, a los dieciocho años: Kafka, Camus, Cortázar. Y una docena más. Y los que después he ido descubriendo. Cada escritor tiene su altar con los escritores que le impulsan a escribir. Robert Coover me explicaba un día que, a veces, antes de sentarse a escribir lee páginas de Samuel Beckett en voz alta y esa lectura le ayuda a poner en marcha el ordenador.

—*Nos podríamos poner de acuerdo de inmediato en un canon y en un altar. Pero nómbrame un título o a un autor que tendríamos que leer y que no sea Dante, Shakespeare, Goethe, Cervantes...*

—Mark Twain, Donald Barthelme, García Márquez, Doctorow, Cabrera Infante, Manganelli, Queneau, Buzzati, un escritor al que, por cierto y ya que hablamos del canon, en Italia los devotos del canon menosprecian. Años después de su muerte, los lectores continúan comprando y leyendo sus libros porque sus historias son bellas, inteligentes y perdurables. Sin embargo, fue demasiado apreciado por los lectores. Cien mil ejemplares menos de tiraje y los del incienso lo adorarían.

—*El debate entre vanguardismo y tradicionalismo se ha calmado bastante en los últimos tiempos. Sin embargo, tú tendrás alguna posición estética.*

—¿Estética? Sé qué me gusta leer, qué me gusta escribir y qué se me cae de las manos. No me interesa reflexionar sobre eso.

—*La historia. El autor es también cronista de su época, sobre todo en la novela, en la narración. Nos aporta algo de su época, de su experiencia, es fabulador y es cronista. ¿Cómo te ves entre estas dos vertientes?*

—Todo escritor—lo quiera o no, y aunque a veces luche contra ello—es cronista del mundo que le envuelve. Hoy mismo, en la página de «Ideas» de *La Vanguardia* hablan de la Barcelona que narran los escritores actuales, y hacen referencia a uno de mis últimos cuentos, que aparece como crónica del Hospital Clínic. Me ha sorprendido porque, para mí, que la historia se desarrolle en parte en el Clínic es accidental, pero entonces me he dado cuenta de que, de hecho, es evidente que, lo quieras o no, eres cronista de lo que describes. Un escritor polaco, Slavomir Mrozek, escribe historias estilizadísimas, de un tipo que atraviesa un puente y se encuentra con otro que viene de la otra orilla y hablan de la nada. Cosas así. Es pura fabulación pero a la vez crónica clara de unos años concretos y de una Polonia concreta y de un mundo concreto. No hay fabulador que se escape de ser cronista. Aunque intente nadar en el absurdo y la desconnotación. Porque la misma voluntad de desconnotación ya connota, ya retrata.

—*¿Cómo ves la influencia de la literatura de las «periferias» sobre la tradición literaria europea? ¿Está cambiando nuestra concepción de la literatura?*

—La influencia de las «periferias» a que te refieres demuestra que el mismo concepto de «periferia» es ya anodino, si es que alguna vez no lo fue. Es anodino el concepto de periferia e incluso el de tradición literaria nacional. Encuentro fascinante que a estas alturas aún se dé tanta importancia a las tradiciones literarias nacionales de los autores actuales. Que a un escritor catalán, sólo le busquen antecedentes catalanes cuando, a lo mejor, ha mamado de todo menos tradición literaria catalana. Estamos en una época en la que, por fortuna, se lee sin fronteras. Desde hace un montón de décadas, todos leen a todos. Aparece una novela de un escritor escocés y a los tres meses ya la editan en italiano. Y la novela de un escritor italiano aparece en español al cabo de seis. ¿De qué tradiciones se habla, aún? Hablar de tradiciones literarias tal vez tenía sentido cuando gran parte de la gente vivía encerrada en su país, y aún entonces sería discutible, porque las ideas han viajado siempre. Pero, ¿ahora, en la época del cable y la parabólica? Ahora, cuando un libro interesa a alguien, suenan los teléfonos de cinco o seis amigos y a la semana todos ellos lo tienen sobre la mesa, vivan en Brooklyn o en Benabarre. Todos vemos las mismas películas, sean inglesas, suecas o paquistaníes. Escribes en un idioma o en otro, eso es todo.

—*Leemos literatura de todo el mundo. ¿Qué libro se tendría que traducir al castellano que todavía no lo esté?*

—Los artículos periodísticos de Giorgio Manganelli, por ejemplo. Se ha traducido su narrativa pero *Lunario dell'orfano sannita* creo que no, y es un monumento, una muestra de la gran literatura que se puede escribir en forma de columna. Otro título que, si no me equivoco, está aún por traducir es *Mémoires d'un vieux con*, de Roland Topor, y la edición francesa es de mediados de los 70.

—*La televisión y el cine están ocupando mucho la atención. ¿Ha dejado el autor de ser esa persona que escribe sus novelas en su escritorio?*

—Hace un siglo, la novela y el teatro eran las artes narrativas por excelencia, las que explicaban sucesos, amores, aventuras. Ahora es evidente que el medio narrativo mayoritario es la televisión. Es la reina, la déspota, la que, bastarda o no, manda. Hasta el cine depende de la televisión, ni que sea para producir la película. Se hace cine pensando en televisión. Incluso el cine, río principal hasta hace poco, es ya un afluente.

Eso no quiere decir que el narrador deba escribir «televisivamente» o pensando en la televisión. Nada de eso. Se puede escribir ignorando todo eso. A veces *se debe* escribir ignorando todo eso. Pero también se puede escribir sin ignorarlo, dándose cuenta de que las sintaxis narrativas y la gimnasia mental, nuestra gimnasia mental de lectores de palabras y de imágenes, cambia y evoluciona. El cine influyó en la narrativa, y algunos se rasgaron las vestiduras cuando vieron qué escribía Huxley aceptando la influencia de la narración cinematográfica. En cambio, ahora, Huxley es tan normal... La narrativa ya ha asimilado las aportaciones del cine. Y el mismo cine de los años 20, 30 y 40... Parece incunable, a veces. Para las generaciones que han crecido viendo televisión cada día, hay ritmos narrativos antiguos difíciles de tragar. No digo que eso sea bueno o malo, ni que haya que rehacer las películas y las novelas para adaptarlas a esos nuevos ritmos. ¡Nada de eso! Sólo faltaría. Lo que digo es que las cosas son así. Los ritmos y las sintaxis evolucionan, simultáneamente para bien y para mal. La gramática narrativa ha cambiado y continuará cambiando, y si eso influye en los que hemos leído y leemos con regularidad, imagina lo que influye a esa gran parte de la población cuya única fuente narrativa es la tele. Basta con fijarse como, en las escuelas, cada vez más, las referencias culturales salen de la televisión, únicamente de la televisión. No hay nada más allá.

—*¿Qué relación hay entre la imagen fabricada en la tradición, en el cine, y la imaginación del lector?*

—Aquí la partida la gana, en posibilidades y cantidad de sugerencias, la literatura. Algunas de las historias que he escrito han sido llevadas al cine. El día que vi esas historias en la pantalla me quedé sorprendido porque esos personajes yo los había imaginado sin cara, casi como los maniquíes que utilizan las empresas de automóviles para experimentar con choques. Ver en la pantalla que tenían una cara concreta me desconcertó. El cine elimina una cierta ambigüedad. Tiene otra ambigüedad, pero diferente de la literaria. La literatura puede ser ambigua como no pueden serlo ni el cine ni la televisión. En cine y televisión, la gente tiene una cara y un cuerpo, y los sucesos que, por escrito, puedes enmascarar narrando una parte de la situación y ocultando otra, en la pantalla se pierden. Un ejemplo: el cuento de *El perquè de tot plegat* que narra la historia de un hombre y una mujer que hablan por teléfono. Si lees el cuento acabas sin saber si ella está en una cabina, en un bar o en su casa, porque se mienten constantemente. Ni tan solo sabes dónde está él, porque puede que ni tan siquiera él esté en casa. En cine se pierde la ambigüedad porque ves exactamente donde están. No tiene sentido que intenten engañarse diciéndose que están aquí o allá porque el espectador ve la verdad. La capacidad de mentir de la literatura es insuperable. ésa es la contrapartida a los grandes poderes de los medios audiovisuales, que fascinan con más facilidad a más gente, pero no permiten esa ambigüedad tan sencilla.

—*Un amigo que selecciona guiones para la televisión me decía que existe diferencia entre una generación como la nuestra que se formó con mucha lectura, y la generación actual que ha estudiado audiovisuales. ¿Es importante en la formación del guionista el conocimiento de la literatura o de las técnicas literarias? ¿Se forma uno a través del medio o con la lectura de grandes autores?*

—Con ambas cosas. Pero a menudo una excluye a la otra. Las generaciones que básicamente han leído tienen una capacidad de estructurar la narración y de explicarse superior a las que apenas leen. Pero estas otras, las que no leen pero han mirado mucha televisión, sobre todo durante la niñez y la adolescencia, son muy ágiles, visualmente y conceptualmente.

—*Quizá seamos ya analfabetos visuales.*

—Lo ideal sería ser alfabetizados visuales sin por ello pasar a ser analfabetos literarios.

—*La literatura engaña. Hablabas de que en tu narración no se sabía si el teléfono estaba en una cabina. Desde la perspectiva del lector lo interpreto como una libertad. Como lector imagino y me construyo los personajes. Me cuesta algo y me da algo también. ¿Crees que en el cine o en la televisión no tenemos que invertir tanta imaginación, o la inversión es a otro nivel?*

—El día que vi la película *El proceso* de Orson Wells y vi que Josef K. era Anthony Perkins me deprimí. Para mí, Josef K. no es ni puede ser Anthony Perkins. Es terrible, una cara concreta para un personaje que o no tiene cara o tiene la que cada lector le imagina. Cuando lees sitúas los paisajes en lugares más o menos concretos y las caras las formas con retazos de tu memoria, a menudo inconscientes. Si en una narración se describe una carretera al lado de un acantilado, probablemente imagines, más o menos modificada, una de las carreteras al lado de un acantilado por las que has pasado algún día. En una película eso es más difícil porque la imagen exacta de la carretera está ya ahí. Es tan poderosa que tus recuerdos lo tienen más difícil para intervenir. Por eso, por mucho que lo audiovisual mande, su capacidad de sugerir es diferente—no digo mayor o menor, ni mejor ni peor: diferente—a la tremenda capacidad de sugerencia de una historia escrita en una habitación por un individuo solo con un papel y un bolígrafo. Por eso la literatura no morirá nunca.

—*¿Qué pregunta le harías a un lector?*

—¿Qué opina de esos editores que proclaman que hay que hacer lo que sea para fomentar la lectura y luego publican libros con un cuerpo de letra tan pequeño que leerlos es un martirio?

ANTONIO MUÑOZ MOLINA

—*La primera pregunta pone de manifiesto una paradoja. Hay una cierta preocupación en el mundo intelectual por la caída de la galaxia Gutenberg, se habla de la muerte del libro y de que cada vez se lee menos. Por otro lado, sin embargo, las editoriales publican cada vez más títulos. ¿Cómo ves el estado de salud del libro en estos momentos?*

—Esa es una pregunta que hay que contestar con frecuencia porque en ella se da un malentendido. Cuando me la formulan me remito siempre a aquel libro de Umberto Eco, *Apocalípticos e integrados*. En realidad el debate de los apocalípticos y de los integrados continúa, parece que nadie ha aprendido la lección. Todo viene de cuando aquello de McLuhan de que se acababa la galaxia Gutenberg y de que empezaba la aldea global. Sabemos perfectamente que en la aldea global sigue existiendo la galaxia Gutenberg, es decir, no ha ocurrido nada, no ha sido sustituida la una por la otra, el libro coexiste junto a otros medios de comunicación. La coexistencia de diversas culturas tecnológicas es la lección máxima que se puede aprender del siglo xx, una lección que no es apocalíptica ni tampoco integrada.

El teatro no fue aniquilado por el cine. El cine sonoro, en cambio, sí aniquiló al cine mudo, pero no al teatro.

Decir que el libro desaparece es una tontería porque hay razones prácticas para pensar que el libro no es el refugio de una especie de añoranza sentimental de los intelectuales. El libro como tal es un artefacto tecnológicamente muy sofisticado. Es fácil de transportar, de leer, fácil de manejar, no necesita ser enchufado, no tiene problemas de mantenimiento, se cae y no le ocurre nada, lo tiras, se puede llevar en el bolsillo, es un aparato de una perfección tecnológica suprema. Por eso sobrevive y no porque unos cuantos intelectuales tengan nostalgia de él.

El libro ha tenido muchas formas a lo largo de la historia, desde el papiro al rollo, del pergamino al papel, y se ha defendido perfectamente. Tiene cualidades que otros soportes no tienen. Cuando salió el CD-ROM todo el mundo hizo predicciones apocalípticas augurando un futuro nefasto al libro. Y el CD-ROM ha demostrado que sirve eficazmente para obras de consulta, para archivar, sirve para una cosa maravillosa que es para ahorrar papel. Grandes cantidades de información que antes tenían que estar en papel pueden ser archivadas ahora sin necesidad de cortar tantos árboles.

El adversario no es la tecnología sino la crisis de los sistemas educativos, que son los que alejan a la gente del uso de la palabra escrita y del uso de la palabra hablada. No soy apocalíptico pero tampoco soy un integrado, no creo que eso represente la salvación, lo que sí sé es que es un instrumento muy beneficioso.

La prueba de que esas profecías son falsas es que aún se publican tantos libros. Y si se publican tantos libros es porque bastantes de ellos se leen. Si se leen menos libros no es por culpa de las tecnologías sino de los sistemas educativos y culturales que no favorecen la lectura. Y de la educación, no diría yo literaria, sino en general la educación ilustrada, porque aquí entra también el conocimiento científico.

—Abajo en la plaza he podido leer una inscripción que rezaba: «Para inculcar en las almas un vivo y duradero amor a la poesía, debemos empezar por inculcarlo en el alma del niño.» (Carlos Fernández Shaw)

—Exacto. El problema no es que exista la televisión o que haya videojuegos, sino una cultura que hace que la gente pase un promedio de tres horas y media al día viendo la televisión. La televisión tampoco ha acabado con el libro. En esta casa hay varios ordenadores, una televisión, aparatos de radio, vídeo y muchos libros. Unas tecnologías complementan a otras.

—El actual consumo masivo de imágenes, ¿de qué manera afecta a la relación entre la imaginación del autor y la del lector?

—El consumo de imágenes no es un fenómeno nuevo. Si comparamos el consumo de imágenes hasta la llegada de la imprenta, vemos que otras sociedades han sido mucho más visuales que la nuestra. La cultura románica por ejemplo, la cultura gótica, la cultura egipcia, en las que la inmensa mayoría de la población no sabía leer ni escribir. La cultura era visual. La iglesia románica o la catedral gótica son grandes exhibiciones visuales hechas para gente que no tiene otro sistema de acceso a las cuestiones religiosas.

La abundancia de imágenes no tiene porqué empobrecer necesariamente. Lo que empobrece es la pérdida del dominio de la palabra.

Las imágenes sin palabras normalmente no tienen sentido. Cuando decimos que las imágenes tienen más fuerza, olvidamos que las imágenes tienen contextos generalmente hechos de palabras. Veamos un ejemplo iconográfico. En un cuadro de Caravaggio aparece David con la cabeza de Goliat. Si no tuviéramos presente el contexto verbal y literario de la Biblia, de la historia de David y Goliat, si no poseyéramos la información también verbal de que Caravaggio se retrató a sí mismo en la cabeza de Goliat, y si no conociéramos la afición de Caravaggio por los chicos jóvenes, ¿qué habría por ver en ese cuadro? Nada.

Los contextos están tan compartidos que muchas veces nos olvidamos de ellos. Cuando vemos una película, la sucesión de imágenes nos parece natural y no nos damos cuenta de que son imágenes muy codificadas y tan difíciles de entender para quien no comparte el código como pueden serlo los jeroglíficos egipcios.

—*Llevan su sintaxis, su gramática...*

—Y llevan un subtexto enorme por debajo de la aparente superficie. Las culturas con una preponderancia de la imagen sobre la palabra se encaminan obligatoriamente a la simplificación. La palabra es por su propia naturaleza casi siempre mucho más compleja y sintética que la imagen. Lo visual requiere menos elementos para su comprensión, pero siempre necesita de unos contextos. En ciertas condiciones, la imagen producida industrial y banalmente es más pobre que aquella que tiene una relación rica con la palabra. No podemos comparar el valor de la imagen de una película de Stallone con la imagen de una película de Hitchcock o de Scorsese. Hay un mundo de diferencia.

La cuestión principal no es que las imágenes estén ocupando el territorio de las palabras. Se trata más bien de que imágenes cada vez más banales están quitando la capacidad de comprender las imágenes verdaderamente importantes y complejas. Un chico, acostumbrado a la gramática barata del cine norteamericano actual de masas, difícilmente puede entender otras imágenes. Lo que se empobrece, más que la palabra, es la propia imagen.

—*Nos acercamos a un analfabetismo visual.*

—Eso es. No se trata de un analfabetismo verbal sino visual. No estamos hablando ahora de baja cultura y de alta cultura. Comparemos por ejemplo la sutileza del cine de consumo de los años 30 o 40 con el cine de consumo que se hace ahora. Hay un mundo de distancia. Lo mismo que hay un mundo de distancia entre la canción ligera de Cole Porter o Irving Berlin y la canción pop que se fabrica ahora.

—*Los periódicos suelen hacer una distinción, discutible, entre ficción y no ficción. Entre dos polos, el de la reflexión filosófica por un lado, y el de la creación o fabula-*

ción literaria por otro, ¿en qué punto se situaría la literatura, la narrativa por ejemplo?

—Cuando se habla de creación literaria casi siempre se supone que nos referimos a la ficción. Y no estoy de acuerdo. La expresión literaria va más allá que la ficción. La ficción es un apartado, y no siempre el más revelador de la literatura. En la historia de la literatura tendríamos que estudiar los libros de Primo Levi, el *Diario de Anna Frank*... Y eso, ¿a qué pertenece? Los *Diarios* de Isaak Babel evidentemente no son ficción, pero ¿son literatura? Por supuesto. Lo son desde el momento en que estamos hablando de una expresión verbal, de la narración verbal de la experiencia.

Suelo reflexionar sobre el tema de la ficción. En mi propio caso, la actitud que tengo cuando escribo una cosa u otra es completamente distinta a la que adopto frente a la reflexión y a la no ficción.

Al principio lo más importante para mí era la ficción, y dentro de la ficción, la novela. Y con el tiempo me he ido dando cuenta de que mucho más que la ficción me gustan esas expresiones literarias que tienen que ver con otros campos, con el periodismo, el testimonio y el suceso. Los *Diarios* de Stendhal me gustan tanto como sus novelas. Y hay escritores como Jules Renard que como novelistas no interesan nada pero sí en cambio como autores de un diario.

Yo mismo, cuando escribo un reportaje, pongo todos los instrumentos que me da la expresión literaria al servicio de un máximo de precisión testimonial. Parece que la literatura nos autorice a la fabulación o a la irresponsabilidad, pero a mí me gusta sujetar la literatura a la necesidad de contar algo de una manera veraz.

—*¿Entonces la literatura debería decidirse entre la crónica y la ficción?*

—A mí el dogma posmoderno de que ficción y no ficción es lo mismo, ya que al fin y al cabo todos los discursos son equivalentes, me pone muy nervioso. El historiador y el científico son los primeros que saben que aproximarse a una explicación cierta o a un relato fehaciente de unos hechos es una tarea ardua. Hay grados de aproximación. No es lo mismo una pseudohistoria del Tercer Reich que un libro de Allan Bullock, por ejemplo, sus *Vidas paralelas de Hitler y Stalin*, que es una maravilla de investigación histórica y de calidad literaria.
El modo en que la literatura puede servir para atestiguar los hechos tal como son o como han sido, bien mediante el recuerdo, bien mediante el testimonio, es casi el centro de mi propia reflexión.
Todos los días en la portada de *Le Monde* viene como una estampa o un relato hecho por un corresponsal. Se trata de una información, pero también es literatura. O pensemos en los reportajes de Truman Capote para el *New Yorker*.

—*Visto de esta manera, ¿queda disuelta la distribución clásica de los géneros en poesía, drama y narración?*

—Esa distribución de los géneros no ha existido en ningún otro lugar que en la imaginación de los tratadistas.

Igual que las leyes sólo existen en la mente de los legisladores o que la perspectiva sólo está trazada en la imaginación de quien pinta un cuadro. La naturaleza no se ajusta a la perspectiva.

Los géneros han sido siempre muy cambiantes. Consideremos por ejemplo el teatro isabelino en donde hay de todo: discurso, poesía lírica o narración. Tampoco la novela ha sido siempre puramente novela, quizá sí en autores como Flaubert o Henry James. Pero eso no quiere decir que sus novelas fueran buenas por coincidir con la teoría del género, sino porque estos autores tenían mucho talento. Si nos atuviéramos a la normativa del género, incluso Stendhal sería un novelista desastroso, cuando en realidad es excelente.

El gran momento de la literatura siempre ha sido un momento de mezcla o de negligencia. En las obras maestras siempre hay un punto de negligencia. El exceso de perfección nos aparta siempre de la realidad. Hace poco leí una crónica sobre la muerte de Stanley Kubrik en el *New Yorker* donde se decía que su manía galopante por controlar completamente hasta el último detalle de sus películas, excluía la vida. Un aparato demasiado perfecto excluye la vida.

No se trata de que ahora los géneros sean más confusos o movedizos, en realidad lo han sido casi siempre. El teatro sólo se ajustó a las reglas aristotélicas en un par de casos en Francia en el siglo XVII. Y no fue maravilloso por esas reglas sino por el talento de sus autores que rompieron toda limitación que se les impuso, como el primitivo que aprovechaba las protuberancias de las rocas en Altamira para pintar un bisonte.

—*El gran debate sobre los «ismos» se ha calmado en los últimos tiempos. Los autores escriben ahora cada uno a su manera. ¿Cómo definirías la situación actual de la responsabilidad estética del escritor?*

—En este aspecto aprecio una situación más ventajosa o más sensata en la actualidad. El debate para decidir lo que es vanguardista y lo que es tradicionalista, aparte de imposible, es una tarea exclusivamente académica. Ahora empezamos a darnos cuenta de la coexistencia de las corrientes.

El término «vanguardia» es un término militar. Fue inventado inmediatamente antes de la Primera Guerra Mundial. En España ha existido durante mucho tiempo esa disyuntiva entre tradición o vanguardia, cosmopolitismo o casticismo. Y eso siempre ha sido falso.

El término inglés «modernistas» alude a los grandes renovadores que han sido gente paradójicamente tradicionalista. Joyce era tradicionalista en el mejor sentido de la palabra porque asume todas las tradiciones literarias. En música, los grandes modernos, como Schönberg o Stravinsky, están continuamente dialogando con el pasado, reelaborando la tradición. En pintura, gran parte de la obra de Picasso consiste en una evaluación de la tradición pictórica.

Las categorías estéticas han sido muy peligrosas cuando se las ha aplicado policialmente. El debate es un asunto que no tiene mayor trascendencia salvo cuando llega un comisario político y dice que hay que escribir o pintar de una manera determinada, como sucedió con el arte abstracto en la antigua Unión Soviética. Y es mucho más grave aún cuando las categorías presionan a los creadores noveles. Esto último ocurrió sobre todo en España y en Francia. La presión obsesiva de los teóricos sobre lo que era o no correcto esterilizó gran parte de la narrativa francesa. El mundo anglosajón ha sido generalmente más templado, menos adicto a las teorías. Pero en España, como discípulos que solemos (o solíamos) ser de Francia, se ha tenido mayor proclividad hacia las escuelas.

Recuerdo cuando tenía veinte años que uno estaba presionado para escribir de una cierta y única manera. Todo artista que hace algo suyo está rompiendo porque está creando algo que no había antes. Y al mismo tiempo no puede romper porque está actuando quiera o no dentro de una tradición, dentro de la lógica del idioma.

Las presiones teóricas hicieron mucho daño en Francia y en España porque obligaban a realizar elecciones innecesarias y, a la postre, imposibles. O seguías a Proust o seguías a Faulkner. O te gustaba Galdós o te gustaba Scott Fitzgerald... Eso es ridículo.

Un amigo mío pintor me dijo que durante muchos años se vio imposibilitado de dibujar a pesar de que era lo mejor que sabía hacer. Estas cuestiones afectan a la gente: han esterilizado o perjudicado mucho.

Han sido verdaderos innovadores quienes conocieron bien la tradición y actuaron sobre ella. Evidentemente hay ahora una mayor libertad en el hecho de que cada cual puede hacer lo que quiera. Pero no olvidemos que existe otra coacción muy fuerte: la moda. Nunca es seguro aquello que más quieres, y las coacciones más terribles son coacciones inconscientes, y por tanto resulta más difícil defenderse de ellas.

—*Otro debate que queda ya bastante atrás es el del compromiso del escritor con la sociedad. ¿Cómo se ve la cuestión de la responsabilidad ética del autor en nuestros tiempos?*

—Hay otra responsabilidad más honda que es la de la propia obra. Responsabilidad en un sentido doble. ¿Cómo responde uno a las cosas y cómo responde de las cosas? Tú respondes de aquello que has escrito porque lo has hecho en público, y las palabras pueden ser tomadas muy en serio. «¿Qué decir?, ¿cómo lo decimos?...» son cuestiones muy serias.

Cuando uno se dedica a estos trabajos puede pensar que lo que dice no tiene ninguna importancia, o piensa que tiene el derecho divino a decir lo que le viene en gana y lo deja por escrito. En esto hay que tener mucho cuidado porque lo que dices puede ser interpretado personalmente, afectar a las personas. Esta responsabilidad es un primer grado de compromiso que está ya en la propia naturaleza del oficio.

Luego está el otro compromiso, la idea clásica del *engagement* que, por fortuna, se ha visto muy corregida. En realidad, el escritor o el artista siempre ha estado comprometido con su mecenas. «Ya no hay arte comprometido», he escuchado decir alguna vez. Opino todo lo contrario, casi nunca ha habido un arte no comprometido. Siempre se está comprometido hasta las cejas con quien paga o con la familia real o con quien sea.

A partir de los años 30 sobre todo se puede trazar la historia de las políticas culturales propiciadas por la Tercera Internacional. Willi Münzenberg, por ejemplo, se dio cuenta de que el mensaje leninista en crudo era intragable para la gente en Occidente, y le dijo a Lenin que lo ideal sería atraer a intelectuales con prestigio que se sintieran halagados por aquello y que dieran una cara como tolerante, grata y moderna del sistema. De entonces datan los congresos como el de la sala Pleyel en París, con la visión del escritor como compañero de viaje, el caso clásico de Gide. Ese modelo fue muy llamativo pero muy tramposo y falso también. El propio Gide cuando se dio cuenta de lo que estaba ocurriendo escribió el célebre libro *Retour de l'U.R.S.S.* y fue inmediatamente condenado.

El compromiso que denominamos clásico se ha basado a veces en la ceguera o en el cinismo. O bien en una mezcla de los dos. Un escritor serio y en apariencia tan lúcido como H. G. Wells viaja por Ucrania a principios de los años 30 y ve a la gente feliz, a los campesinos alegres, se entrevista con Stalin y se queda admirado de él, tal y como hubo también escritores que se quedaron admirados con la figura de Mussolini o de Hitler.

De esa época surge la idea del intelectual como alguien que puede indicar el camino a seguir. En el noventa por ciento de los casos, el camino a seguir indicado por los intelectuales ha sido catastrófico. No es un juicio personal, es una constatación estadística. ¿Qué intelectuales no predijeron en público verdaderamente algo que no resultó ser falso luego? Uno de los pocos que tuvo un cierto grado de acierto fue el pobre Camus, y fue condenado; estuvo desaparecido de la cultura occidental durante treinta años aproximadamente. Otro que tuvo de verdad lucidez y coraje fue Orwell.

Aquí en España el asunto tiene un matiz especial por las circunstancias especiales de nuestra trayectoria. Lo de los «compañeros de viaje» tiene un matiz distinto: mucha gente estuvo en el partido comunista porque estaba a favor de la democracia. Eso es muy importante y distingue mucho al comunismo español de otros comunismos. Todo el mundo se queja ahora de que antes había más claridad. ¡Qué pena!, pues prefiero que haya confusión porque para tener la claridad que había antes prefiero la incertidumbre de ahora, que es más lúcida, y también más humilde.

El nuevo tipo de responsabilidad o de compromiso del escritor en nuestro tiempo es la responsabilidad cívica. Ser escritor no significa necesariamente tener una capacidad superior a la del ciudadano medio para penetrar en los asuntos públicos. Debemos valorar al escritor en su condición de ser humano que ejerce la ciudadanía mediante la escritura. Este es el grado que estamos alcanzando en la actualidad.

Cuando uno estudia el siglo xx, ve que hay un único compromiso posible, una vocación o promesa de no cerrar ni intentar cerrar nunca los ojos ante las cosas. Se asocia la palabra intelectual con la palabra lucidez, pero en la mayor parte de los casos los intelectuales se han caracterizado por cerrar los ojos o incluso por mentir abiertamente. Se ha de ser más responsable con lo que se dice. Gente como Gabriel García Márquez debe poner mucho cuidado en sus declaraciones porque aquello que dice es fundamental para la vida de mucha gente.

—*La llegada de las literaturas no europeas o «periféricas», ¿ha modificado de algún modo nuestro concepto literario o nuestro modo de leer?*

—A mí me gustaría que fuera cierto eso, pero no lo es. En el canon, en la conciencia cultural europea han surgido unas cuantas voces nuevas. Me pregunto si esas pocas voces representan una verdadera pluralidad y si están siendo aceptadas por lo que son y no por lo que el colonizador o el habitante del centro les atribuye.

Muchas veces la voz que viene de la periferia es aceptada en su cualidad de voz exótica. El lector alemán, inglés o norteamericano—que constituyen el núcleo de ese canon europeo y en el que la literatura española aparece en una posición bastante marginal— ¿aceptan esas voces en su calidad de tales o las aceptan por su exotismo?

En los años 60 solía ocurrir que un escritor español era publicado en Francia únicamente porque se le presentaba como perteneciente a la resistencia, con tintes exóticos, antifascistas, como una especie de indio con plumas. En los Estados Unidos caracterizan a la literatura latinoamericana por ser mágica o por otras cualidades extrañas. Parece que el latinoamericano tenga que ser mágico, telúrico, primitivo.

La mejor literatura ha venido casi siempre de la periferia, pero no sólo de la periferia geográfica. Jane Austen es pura periferia. ¿Qué más periferia de la cultura que una mujer de principios del siglo XIX que vive en una aldea, que no ha viajado nunca o si lo ha hecho ha sido en un radio ínfimo?

Cervantes está en la periferia de la sociedad. La mejor literatura española ha sido hecha casi siempre por gente marginal. En Francia, Montaigne era un señor rico en su torre. Corneille o Racine son autores establecidos en la corte, también Molière. En España casi todos los grandes escritores han sido o perseguidos o pobres o miserables.

Están llegando escritores de otros sitios que son aceptados perfectamente. Autores como Kazuo Ishiguro, el autor de *The remains of the day*, o Rushdie.

Pero en muchos casos, y concretamente en lo que respecta a la literatura en lengua española, el escritor es aceptado en su faceta exótica. Por eso tienen tanto éxito en el mundo anglosajón y alemán los sucedáneos de grandes escritores latinoamericanos. Con todos mis respetos, Isabel Allende o Laura Esquivel son sucedáneos de García Márquez. Pero tienen más éxito porque son inmediatamente reconocibles como latinoamericanos, es decir, torrenciales, irracionales, mágicos. Escritores como Onetti o como Borges no tienen color local.

En las novelas latinoamericanas tiene que haber conjuros y todas esas cosas, porque se supone que los latinos lo que sabemos hacer es eso. Pero los españoles no estamos ni en un sitio ni en otro, ni se nos ve del todo como europeos ni ya tampoco como exóticos. Es muy rara nuestra posición.

—*¿Se te ocurre hablando de literaturas no españolas algún libro que habría que traducir al castellano?*

—Los encuentro con mucha frecuencia. Por ejemplo, no se ha traducido al castellano un libro maravilloso de Robert Antelme, *L'espèce humaine*, el testimonio de su estancia en los campos de exterminio. O los *Diarios de Victor Klemperer*.

Otro problema de muchos libros es que se han traducido y luego han desaparecido. Hace años me llevé una sorpresa enorme cuando quise regalarle a mi hijo mayor *David Copperfield* y no lo encontré por ninguna parte.

También habría que retraducir otros muchos.

—*Ya mencionaste el término canon. Sin entrar en el debate acerca de Bloom, ¿necesitamos como lectores alguna orientación?* Copperfield *forma parte de un canon. ¿Cómo ves esta cuestión?*

—Los norteamericanos tienen mucho lío con estos temas. En la cultura europea es más fácil el establecimiento de un canon si uno se deja llevar por el sentido común. La idea que hay en los campus norteamericanos es que los libros que se leen han sido impuestos por el poder colonial por ejemplo. En parte es verdad, pero en parte es falso. Los libros que se leen siempre, no se leen porque sean indiscutibles, se leen porque son los más discutidos, los pocos libros que cada generación necesita leer y revive. Y muchos libros desaparecen porque no constituyen un desafío para nosotros. Cyril Connoly dice que «literatura es aquello que merece ser leído al menos dos veces». La literatura tiene que ser leída por lo menos dos veces y por muy distintas generaciones. La inmensa mayoría de los libros y de las obras de arte desaparecen, pero hay una serie de obras que por diversas circunstancias pasan de generación en generación, son leídas. Y se publican y están en el canon porque son importantes para la gente, porque hay quien las lee y las disfruta, y que nadie puede imponer por obligación.

El canon de la literatura es relativamente fácil de establecer. Para un europeo culto es absolutamente imprescindible haber leído *Madame Bovary* y *Anna Karenina*, pero no tiene porqué haber leído *El primo Basilio* de Eça de Queirós o *La Regenta* o *Fortunata y Jacinta* de Galdós, porque Eça de Queirós, Clarín y Galdós pertenecen a dos culturas marginales europeas como son la española y la portuguesa. Por lo tanto se trata de algo que es necesario dar a conocer.

En la cuestión del canon no existe una preponderancia de la literatura escrita por hombres porque se haya ocultado una literatura de mujeres. Por desgracia, las mujeres han estado al margen, no han podido acceder en condiciones de igualdad a la capacidad de crear literatura. Las mujeres y los pobres.

Me acuerdo una vez dando una clase en una universidad americana que repartí una lista de diez novelas y entonces una alumna me saltó: «¿Cómo es que de una lista de diez novelas sólo hay una de una mujer?» Y le contesté: «Por una razón parecida que hace que en esa misma lista sólo hay una novela de un escritor cuyo origen es la clase trabajadora: Juan Marsé. ¿Por qué de esa lista de diez novelas, hay nueve, incluida la de una mujer, que están escritas por personas que han nacido como mínimo en una clase media? No precisamente por un prejuicio contra la clase trabajadora. Sencillamente porque la clase trabajadora no ha tenido oportunidad hasta hace muy poco de aprender a leer y a escribir y a acceder a la cultura.»

El canon es una cuestión de afición y de ojos abiertos, de aceptar o de estar debatiendo continuamente lo ya establecido. Lo que parece más establecido puede resultar lo más subversivo. Recientemente leí en París *Le rouge et le noir* de Stendhal y me sorprendió porque tiene una audacia y una capacidad de subversión extraordinarias, y es un clásico.

—¿Se te ocurre un título que consideres importante y al que, sin embargo, no se le haya hecho justicia?

—El *Adolphe* de Benjamin Constant. Es un libro en el que no pensamos de manera inmediata, y es importantísimo.

—¿Qué pregunta te harías a ti mismo en el contexto del destino de la literatura?

—La pregunta más importante no afecta tan sólo a la literatura porque nada que tiene que ver con la literatura le afecta exclusivamente a ella. La pregunta es muy perentoria: ¿serán capaces los seres humanos de organizar el mundo de una manera racional que impida no ya la injusticia sino la simple destrucción del planeta? Incluida la literatura. ¿Seremos capaces de darnos un sistema político realmente democrático y justo y de salvar literalmente la supervivencia del planeta?

El mundo no puede soportar este nivel de injusticia. No es sólo injusto, es insostenible. Corremos sencillamente el peligro de estar destruyendo de manera irreversible la variedad de la vida sobre la Tierra. Lo principal es ser lo más plenamente humanos que podamos ser.

La literatura resalta lo más plenamente humano de nosotros y lo hace poniendo de relieve a la vez lo singular y lo común. Este es el misterio de la literatura.

La mayor industria mundial consiste en crear diferencias, en crear mundos cerrados. Esa es la gran falsedad de lo que llaman el multiculturalismo. Porque no se trata de una verdadera tolerancia, una verdadera circulación de ideas y de gentes, sino de una coexistencia de grupos cerrados, indiscutibles y aislados, tal y como se vive en los Estados Unidos.

La literatura te sirve para ver lo específico y preciso que hay en cada vida. Una de las primeras obras de la literatura moderna, que debería estar también en el canon, es el *Lazarillo de Tormes* y trata de la vida de un pobre desgraciado, de un criado. Una de las grandes obras de la literatura española, *Crónica de la Conquista de la Nueva España* de Bernal Díez del Castillo, no es una obra de ficción. Y es un libro revolucionario porque casi por primera vez en la historia se habla desde el punto de vista del soldado.

—*Como en el caso del* Woyzeck *de Büchner.*

—Exactamente. La literatura te acerca lo específico e incombustible que hay en cada vida, y al mismo tiempo lo que hay en común. Ahora hay literatura de jóvenes para jóvenes, de mujer para mujer, cuando la literatura ha sido siempre una cosa muy fronteriza, el encuentro con lo que no eres tú, el descubrimiento de que aun con autores muy diferentes hay un ideal ilustrado en común: nuestra propia humanidad.

SOLEDAD PUÉRTOLAS

—*El mundo intelectual anda preocupado por el destino del libro y, sin embargo, las editoriales no dejan de publicar títulos. Las cifras de ventas aumentan. ¿Cómo ve una autora esta situación tan paradójica?*

—A mí también me asombra que todo el mundo se muestre tan apocalíptico declarando que va a desaparecer el libro, y que luego se den buenas cifras de ventas de libros y tengamos incluso en España un aumento de lectores. Se publica muchísimo. Me parece perfecto que se den estas contradicciones porque sin ellas no habría ninguna esperanza. Las dos versiones son ciertas y se equilibran. Todo depende de la dosis que se ponga a ambos lados de la balanza.

El mundo parece que va cada vez más hacia una mayor homogeneización o una mayor tecnificación. Sin embargo, hay a su vez una corriente muy subterránea de escepticismo en torno a la eficacia de la técnica y la veracidad y profundidad de la comunicación. A los escritores, este terreno de la contradicción nos resulta alentador. Parto del hecho de que estamos viviendo en un mundo horrible, pero el que existan estas contradicciones me da esperanzas; al menos, existen brechas, tenemos la oportunidad de mantener cierta autonomía sin ser excesivamente dirigidos, como suele ocurrir. No soy, de todas formas, muy optimista.

—*Los lectores estamos desorientados a la hora de escoger un libro. En las librerías nos encontramos con muchísimos libros y autores desconocidos.*

—Efectivamente. Esta situación me parece dramática. El lector me preocupa, porque además de arrastrar una incultura histórica, no dispone de tiempo en este momento para formarse un criterio sobre todo lo que se le ofrece. En el mercado actual se mezcla todo: prestigio, honor, fama, éxito, dinero. La categoría es homogénea, nadie distingue una cosa de otra. El gran perjudicado es el lector. El autor también. Me parece heroico que un lector de hoy tenga criterio y lo mantenga.

—*A la hora de escribir, ¿cómo ves la relación entre la creación literaria por un lado, y la reflexión filosófica por otro?*

—Esos dos extremos me parecen poco interesantes los dos. Me gusta leer de vez en cuando literatura de puro entretenimiento y agradezco que haya autores que se dediquen a escribir bien, desde estos presupuestos. Sólo admito el género policíaco en la vertiente literaria del entretenimiento, siempre que la historia o los personajes consigan interesarme de algún modo. Otro tipo de literatura de entretenimiento no me dice nada. Pero los autores que cumplen bien su función de entretener nos hacen un gran favor, porque hay ratos en que sus libros nos resultan necesarios.

La vertiente literaria del pensamiento no es la verdadera función de la literatura porque, si algo ofrece la literatura, es precisamente lo que está antes e incluso después del pensamiento, es la construcción de un mundo. Si nos encontramos con un pensamiento excesivamente trabado, formalizado y estructurado, eso pasa a ser un ensayo, un mensaje. La literatura es un terreno más indefinido, pertenece al terreno de las preguntas. La novela es igual que la vida, es lo que más se le parece, más que la poesía o los mundos poéticos y más que el teatro. La novela es casi como la vida. No es pensamiento. Una novela llena de pensamiento no me interesaría nada porque para eso están los ensayistas. La novela de entretenimiento no sé practicarla ni se me ha ocurrido jamás hacerlo. La otra me aburriría muchísimo. Leerla, no la voy a leer. Escribirla a lo mejor porque es divertido escribir pensamientos.

—*Esta distribución tradicional de los géneros literarios en drama, poesía y narrativa, ¿sigue siendo válida hoy en día?*

—La verdad es que el intento clasificador de la literatura es muy ajeno al autor. Para los manuales y para la didáctica de la literatura puede que sean necesarias las clasificaciones. La distinción básica que establecería sería, por un lado, una literatura predominantemente narrativa en la que entraría la poesía épica, lo que es contar o desarrollar una historia y unos personajes, y por otro lado, una literatura que sería algo más instantáneo, mucho más fulgurante y sintético. Establecería estas dos tendencias. El relato breve es el terreno intermedio entre la poesía y la novela.

Las clasificaciones no sé si son muy útiles. Pero no nos podemos olvidar de que a la gente en general no le apetece un libro de poesía porque no hay una narración, una historia a la que engancharse, unos personajes. El personaje es el autor que está detrás, pero ese personaje en principio no interesa. A mí, en cambio, siempre me interesa el autor. Yo leo a autores, más que novelas. Una novela puede gustarme más o menos porque busco o encuentro a la persona que está sosteniendo y fraguando un argumento o unos personajes. La visión del mundo que hay detrás es lo que a mí me atrae. Para mí siempre estará el autor por encima de todo, por encima de sus fallos y de sus logros.

En la novela, acabamos siempre por encontrar al autor, lo cual no ocurre siempre con poesía. Lo que ofrece el autor de poesía no es fácil de definir. Lo que está claro es que la poesía no resulta atractiva para la mayoría de las personas, la gente no se fía. Sin embargo, la poesía llega a los niños; lo que no entienden de la poesía les fascina, pero posteriormente sobreviene una desconfianza porque verdaderamente es difícil encontrar buena poesía. Es un bien muy escaso, quizá el más escaso de todos.

—En la narrativa tenemos tanto al autor cronista como al autor fabulador. ¿Cómo te mueves entre estas dos perspectivas, si es que existen para ti?

—La novela, fundamentalmente, más que el desarrollo de una historia es un transcurrir del tiempo y eso puede hacerse de diferentes maneras; contando una historia bien trabada de una manera muy lineal o elemental. Luego está una manera más metafórica, más fabulosa, en donde interviene la imaginación, pero siempre en un transcurrir temporal. El tiempo es la esencia de la narración.

Por otra parte, está el tiempo exterior y el tiempo interior. Puedes contar una historia muy interior en el desarrollo de un personaje sin que haya a lo mejor muchos hechos externos. Lo perfecto sería una buena combinación de ambos componentes: la dosis precisa de fabulación, la percepción del tiempo que transcurre y la apoyatura de los datos externos; y la evolución del personaje y de las situaciones, lo cual no tiene tanto que ver con los hechos concretos de la realidad.

Quizá personalmente siempre pongo más énfasis en la transformación de los personajes. Me gustan las historias que transcurren apoyadas en ciertos datos, pero sobre todo me interesa la evolución del personaje.

—*El tiempo es fugaz y, en este terreno la literatura se mueve entre dos polos: la memoria y el olvido. ¿Cómo ves esta relación?*

—Si no estuviéramos dotados de olvido la vida sería insoportable. La capacidad de olvidar quizá sea lo mejor que tenemos. Los historiadores se quejan con mucha razón de que se olvida la historia, el pasado. Pero si la tuviéramos presente constantemente no lo soportaríamos porque la historia de la humanidad es una historia tremenda de depredación.

Desde el punto de vista del escritor, lo que sí tengo claro es que debo seguir siendo la que era, la que fui y la que soy, que permanezca en mí algo que me haga mantener el hilo de mi vocación literaria, de mi curiosidad y de mi necesidad de escribir. Hay que tener una identidad interior, si no invariable sí por lo menos no perder ese punto de estupor y de inocencia. Se tiene o no se tiene. Nadie puede empeñarse en no perderlo. Es fácil perderlo. Y de alguna manera uno busca protegerse para evitar esa pérdida. La vida es aprender a defenderse y protegerse con respecto a las cosas que más valoras, pero en todo caso nadie está a salvo de perder ese punto de inocencia. Esa sería la memoria, la memoria llamémosla «buena», la memoria que te salva y que te sirve.

La nostalgia y la melancolía no te sirven para nada; es el presente lo que importa, y al mismo tiempo uno desea seguir siendo lo que era, mantener lo que creía importante.

—Si no ando equivocado, el gran debate sobre la literatura comprometida parece haberse calmado. ¿Cómo definirías la responsabilidad ética del escritor en nuestro tiempo?

—Nunca he creído en la literatura de tesis, de demostrar algo, pero sí creo que hay una postura moral propia en cada escritor. Eso es evidente. En esta sociedad tan compleja que nos ha tocado vivir, en la que ya no habría una ideología que transmitir porque pocos tienen una bien delimitada, algunas veces me he dicho a mí misma con sensación de culpa que quizá yo no esté exponiendo los grandes problemas de mi tiempo. Pero inmediatamente me hago una reflexión de humildad, de realismo y me digo que lo único que puedo hacer es expresar los problemas como los vivo yo.

Mi visión del mundo es algo que no es sólo mío, y tal vez consiga comunicarla a los demás y compartirla con ellos. Siempre escribo sobre el presente—con algunas excepciones que, en realidad, también se refieren al presente, aunque no de forma directa sino metafórica—sobre personajes que viven en las ciudades del mundo en que vivo y que conozco, y mis personajes transmiten las preocupaciones que yo tengo, que son muchas, y a lo mejor ésta es la pequeña transmisión que hago a los demás.

—En España hay muchos autores literarios que hacen uso de la prensa como medio de expresión de sus inquietudes éticas y políticas.

—La verdad es que esta sociedad es tan confusa que tiendes a pensar que en algunos casos los intelectuales que escriben en periódicos no lo hacen tanto por necesidad moral como por ansiedad económica o de fama. De lo que verdaderamente suelen vivir muchos escritores es de la colaboración en la prensa. Y eso da fama y popularidad.

A los novelistas se nos exige que opinemos sobre cualquier cosa y, como dominamos o creemos dominar el medio de la expresión escrita, se nos pide que expresemos «ideas buenas». Pero no somos los perseguidores de la moral. Hay demasiado ruido ya en los medios de comunicación, en la plaza pública. Hay demasiada gente ya expresando sus opiniones como para que los novelistas tengamos que repetirlas.

Mi posición personal en general es la de mantener cierto elocuente silencio, y reservarme para lo que más me interesa a mí, la ficción. Aquí sí que puedo trasmitir yo la complejidad de mi visión del mundo. De eso no tengo la menor duda porque si no, no publicaría. Confieso que quiero comunicar algo, siempre con un miedo terrible a la hora de publicar, pero busco lectores. Quiero esa complicidad, ese apoyo, quiero dar y recibir algo. Quizá más dar y que sea aceptado.

Mi postura moral diría que es hablar cuando te preguntan pero sin aventurarme por caminos que no veo con claridad. Muchas veces se habla de lo que no se sabe y se emiten muchos juicios precipitados. Esta sociedad nos obliga a la opinión rápida. Tenemos mucha información pero ésta no es siempre veraz, con lo cual no sabemos nada o sabemos poquísimo. Todo el mundo nos obliga a opinar sobre esto y aquello. Muchas veces, resulta imposible. Sería preferible invitar a la reflexión, formular nuevas preguntas. Leí hace poco esta cita de Hölderlin: «El hombre es un dios cuando sueña y un mendigo cuando reflexiona.» Estoy de acuerdo. El intelectual que opina debería ser consciente de lo que es —y desde luego me incluyo yo—: simplemente un mendigo que reflexiona.

—*El debate estético sobre los «ismos» o las vanguardias literarias se ha calmado. La postura estética ahora es una cuestión personal de cada autor. ¿Cómo ves esta situación?*

—Todo ese debate no dio en literatura los frutos que se esperaban, a diferencia de la pintura en donde la ruptura fue enorme y será difícil el retorno a la pintura figurativa. La literatura ha evolucionado hacia el subjetivismo. Es el gran cambio de nuestro tiempo. Al hacerse el mundo tan grande y tan inabarcable, el narrador omnisciente es del todo imposible. Muchísimas de las novelas actuales están escritas en primera persona. Y si lo están en tercera persona, son terceras personas muy cautelosas que no lo conocen todo, que dejan muchas brechas sin explorar y que quizá recurren a un tono de fábula para envolver lo que no se puede conocer. Éste es el cambio que me parece más destacable: el objetivismo no existe. La creación de una realidad completa, cerrada, atada y rematada, como era la novela del siglo XIX, es imposible. No creemos en eso.

—*En tu creación, ¿vives este cambio como una liberación?*

—He tenido la suerte de que mi manera de sentir la literatura coincida con la época en la que vivo. Soy una catástrofe para las descripciones, soy fatal historiadora, no sería capaz de documentarme, no soy un ratón de biblioteca. Y estoy convencida además de que eso no interesa.

El terreno de la literatura ahora es justo lo que hay debajo de los datos y debajo de la historia. Eso para mí es una liberación porque ya tenemos muchos datos, mucha información. De eso nos sobra, y sin embargo lo que no tenemos es el interior, lo que hay debajo de la imagen. Como autora estoy donde quiero estar y éste es el mundo que realmente me interesa. Si me hubiera tocado ser una novelista del XIX, no sé si hubiera podido, porque era una tarea exhaustiva y había que saber muchas cosas, por ejemplo cómo era cada traje. Tolstoi y Galdós describen con detalle hasta los trajes y los tafetanes que compran las señoras en las tiendas. En ese sentido, estoy a gusto con lo que hoy me ofrece la literatura. Me brinda una oportunidad que es la mía.

—*La llegada de literaturas «periféricas», ¿ha modificado en algo nuestra concepción de la tradición literaria europea o nuestra manera de escribir o de leer?*

—La tradición es la que tú elijas. No te interesa todo de tu propia tradición. De la tradición de la literatura española he ido haciendo con el tiempo mis selecciones. El proceso de lectura en la formación de una persona comienza con las lecturas que te ofrecen en el colegio, que suelen ser los autores de tu país. Después te abres a los países cercanos. Aquí por ejemplo, vino la moda francesa, más tarde, llegó Norteamérica y barrió, hay influencia anglosajona y alemana; el horizonte es amplio. Durante un tiempo, en España se leyó bastante más literatura de fuera que de dentro. Por lo menos en mi época universitaria, apenas leíamos a los autores españoles contemporáneos.

En cuanto a las aportaciones de fuera de Europa, creo que no han irrumpido en el mundo editorial de una manera rotunda para que cause el impacto que causó en su momento la irrupción de la literatura sudamericana. Ese *boom* sigue teniendo vigencia si nos guiamos por el hecho de que en los Estados Unidos se traduce casi exclusivamente lo que guarda relación con el realismo mágico.

Pienso ahora en los autores indios, como Amitav Ghosh, que vive en Londres, o la propia Arundhati Roy, la autora de *El dios de las pequeñas cosas*, que ha sido un éxito. El primer libro de Amitav Ghosh, titulado *Líneas de sombra*, me impresionó porque tenía una inocencia de actitud, como si no padeciera el peso de una literatura solemne y anquilosada. Me pareció ver a un autor moviéndose con mucha libertad. Eso mismo ocurrió con el realismo mágico, que de pronto descubrías a autores que hacían lo que les daba la gana con el lenguaje y de una manera nueva.

En estos libros sí he visto esa inocencia inicial que hay que mantener, y a la que me refería antes. Son países que empiezan a ofrecer sus actividades artísticas a los demás, y quizá por ello tengan esa ventaja de la frescura y de la inocencia.

—*Una pregunta concreta: ¿se te ocurre algún libro de un autor no español que habría que traducir o retraducir?*

—En este momento, en las librerías españolas—que son pocas porque cada vez más cobra importancia la sección de libros dentro de lo que se denomina «grandes superficies»—es casi imposible encontrar un libro de Chejov, y Chejov está en el punto de partida del relato. Ahora se va a publicar una edición escogida, muy amplia de la narrativa de Chejov en Espasa Calpe. Me he encargado de la selección y del prólogo. Me siento satisfecha de haber hecho algo en lo que además no puedo sentir el pecado de la vanidad porque todo el mérito es de Chejov. Chejov sería ese autor que habría que releer.

—Los autores, como lectores, también tienen sus modelos. En tu caso, uno sería Chejov. No quisiera hablar de Bloom, pero como autora, ¿cómo ves la cuestión del canon?

—Muy aburrida. He leído algunos capítulos de Bloom y algunas cosas de Steiner. Se trata del brillante mundo académico, exitoso, arrogante, con muchas ganas de «epatar», pero a mí no me interesa. No me interesa nada la opinión de los degustadores de vinos, por decirlo de alguna manera. No entro en una reunión de degustadores de literatura porque me parecen una pandilla de *snobs*, nada más. Se entretienen y a mí me irritan. Para irritarme leyéndolos, prefiero no leerlos. A veces me entra curiosidad de leerlos para irritarme, porque es bueno sentirse irritada. Todo eso me parece exclusivamente una defensa del mundo académico universitario.

—Pero fuera del ámbito universario, ¿no sería útil que el lector tuviera alguna orientación para empezar su viaje por el mundo de la literatura?

—Efectivamente. Si rechazamos el canon y también nos preocupa el lector desorientado, ¿qué hacemos? Lo que deberíamos hacer sería concebir la crítica como un ejercicio de entusiasmo, y sin ningún propósito de pontificar ni dar normas.

Las personas a quienes les gusta la literatura deberían explicar sus gustos. Deberían razonar sus preferencias por una novela u otra y dar cuenta de sus principios estéticos y éticos. Pero esto no es así. Sería una utopía; la veo posible en sueños.

A mí me gusta muchísimo escribir sobre libros que me gustan. Ahora mismo, por ejemplo, he disfrutado mucho escribiendo sobre Chejov. Siento mucho entusiasmo por Chejov, quizá logre despertar el del lector. Pero en general, las críticas literarias responden a intereses que son primordialmente económicos, o intereses que ya ni comprendo y me sobrepasan. Hay amiguismo, la crítica no es honesta. Tiene una arrogancia pontificadora como en el caso de Bloom, una arrogancia que está muy extendida. Todos pontifican. Puestos en esta situación, casi prefiero que pontifiquen los profesores de menos importancia, incluso los que no son profesores; que pontifiquen los Papas me pone más nerviosa todavía. Me hace más gracia la inexperiencia. A los de menos importancia les puedes soltar un improperio; a los grandes no, te tienes que callar.

Es curioso que la literatura tenga ese prestigio y haya llegado a esas categorías tan solemnes. Digo prestigio en sentido peyorativo: «prestigio» es una palabra sospechosa. La literatura, quizá por el hecho atávico de que el lenguaje nos parece la gran conquista del ser humano—y lo es, es una de nuestras grandes conquistas, aunque no es exclusiva de la humanidad, los animales también se comunican entre sí, aunque no escriben—, la tenemos como algo que hay que ensalzar y clasificar. En otros campos no suele ocurrir. Veo que fluye con mayor libertad la discusión sobre el arte.

—*Al lado de los autores canonizados, siempre hay autores olvidados o autores considerados de segunda fila. ¿Se te ocurre un autor o un título que no figure dentro del grupo de «los grandes»?*

—Quizá Maupassant. No es de tan primera fila como Chejov, pero es espléndido, sobre todo en el relato.

—*Vivimos en una época de invasión de la imagen, en una cultura más bien visual. ¿Cómo ves la relación entre la imagen fabricada y la imaginación del lector o del autor?*

—El hecho de que se nos ofrezcan tantas imágenes y tengamos tantas referencias visuales me permite ahorrarme muchas descripciones porque no necesito dar datos externos que la gente ya conoce. A mí me libera. La imagen, al ser tan invasora y estar en todas partes, se ha devaluado. Ya nadie se la cree. Ni siquiera en las guerras o en otras catástrofes. Cada vez que estalla un conflicto, se nos dice que es la gran catástrofe de la humanidad, y eso se produce cada mes. Se está gastando la imagen. Hasta cierto punto estamos inmunizados frente a la imagen. Y en ese sentido, la palabra, aunque no la palabra de los periódicos porque esa también la veo invasora y devaluadora, sino la palabra del libro, y el lector frente al libro, conforman un territorio que no se ha devaluado, que no ha sido devorado por todo lo demás. La palabra es el vehículo en el que confío más.

—*¿Qué pregunta te harías resumiendo estas reflexiones sobre el destino de la literatura?*

—Quizá lo que me estoy cuestionando siempre es encontrar esa voz que consiga transmitir la relación del yo con el mundo. Sé que ésta va a ser la tarea de mi vida y que moriré sin descubrirlo.

Me preocuparía mucho que mi curiosidad cesara, que el mundo acabara con mis deseos de seguir indagando.

¿Hasta dónde va a durar mi curiosidad? Es una pregunta y un deseo. Que mi curiosidad no se acabe nunca.

JOSÉ ÁNGEL VALENTE

—*¿Qué relación hay entre literatura y reflexión filosófica, entre creación y pensamiento?*

Interpreto las palabras «literatura» o «creación» en el sentido de *poiesis*.

La relación de la poesía con el pensamiento es absolutamente obvia e importa señalar a ese propósito que la diferenciación entre la actividad poética y la actividad pensante es ajena a formas de cultura distintas de la nuestra, como las correspondientes al mundo extremoriental.

La filosofía, al constituirse independientemente como tal, se separa de la poesía y de las ciencias. Pero aun constituida como saber absoluto, no puede desligarse ni de los conocimientos de las ciencias parciales ni de la palabra poética.

En el núcleo de todo gran sistema filosófico subyace toda la intensidad creadora de una imagen: en Descartes, el árbol de la ciencia y el gran libro del mundo; en Spinoza, la felicidad en el conocimiento contemplativo; en Leibnitz, la armonía en la combinación y la sinfonía de las mónadas; en Hegel, la Rosa del Mundo o el delirio de las bacantes; en Nietzsche, la verdad es de orden poético; en Heidegger, la palabra es la morada del ser.

Si nos detuviéramos mínimamente en el último de los pensadores citados, cuya obra tiñe tan intensamente la contemporaneidad, comprobaríamos que hay en Heidegger una teología y una cosmología del Verbo que sustituyen la formación de un discurso filosófico acerca del ser por una interrogación al lenguaje mismo para obtener de él una revelación del ser. La filosofía se realiza así por ausencia o por negación de su propio discurso.

—*El escritor se comporta como un historiador (documentándose) y como un fabulador/inventor al mismo tiempo. ¿Qué función tiene la memoria en su creación?*

—La memoria es el eje de mi trabajo creador. La memoria me retrae al origen. Como explica Hesiodo, las musas, hijas de Mnemósine, cantan empezando por el origen: *ex arkhé* (*Teogonía*, 45, 115). Esta remisión al origen tiene extremada fuerza en el primer ciclo de mi obra, correspondiente a los libros que componen *Punto Cero* (1972), pero se mantiene y abre los ciclos siguientes. Hay—lo he repetido otras veces—un triple descenso por la interioridad de la palabra a las capas de la memoria personal, de la memoria colectiva y de la memoria de la materia, de la memoria del mundo.

«En el tercero de sus cuartetos, "The Dray Salvages", Eliot apunta en dos versos lo que podría ser en sustancia todo el progreso tanteante del conocimiento poético:

> We had the experience but missed the meaning
> And approach to the meaning restores the experience.
>
> (Tuvimos la experiencia pero perdimos el sentido,
> y acercarse al sentido restaura la experiencia.)

Para Eliot esa experiencia restaurada en el sentido no es la de una sola vida, sino la de muchas generaciones. Porque el sentido al que la memoria o el poema se aproxima pasa por muchos estratos de sentido de los que, en suma, la palabra poética es por naturaleza depositaria. El poema conlleva la restauración plenaria o múltiple de la experiencia en un acto de rememoración o de memoria, en el que los tiempos divididos se subsumen, pues toda experiencia así rememorada en su sentido, proyectada de una sola a muchas vidas, vuelve a urdir en potencia toda la trama de lo memorable desde su origen. Y eso no sólo en la poesía que narra explícitamente las genealogías y los hechos, como la épica, sino en la misma lírica, en la que hechos y genealogías están elididos. El llanto personal no es expresable sin la rememoración de su sentido. [...] El más breve poema lírico encierra en potencia toda la cadena de las rememoraciones y converge hacia lo umbilical, hacia el origen. Por eso, en la teología griega de las musas, éstas—hijas de la memoria—cantan comenzando por el origen, es decir, proyectando todos los estratos de sentido a un origen donde, según otra revelación estaba la plenitud de sentido de la palabra, el *logos*.»

—*¿Existe para usted una separación entre literatura «seria» y literatura «de entretenimiento»? O dicho de otra manera, ¿hay un gran público y una minoría selecta de lectores?*

—Estoy lejos de menospreciar la literatura de entretenimiento. *El Quijote*, en el momento de su inmediata recepción, fue ante todo un libro de entretenimiento.

Quizá no sea muy precisa la terminología utilizada para formular esta pregunta.

Lo que sí distingo radicalmente es lo que cabría llamar producto editorial—tan sujeto como todo lo que es producto a las leyes del mercado—y obra de creación.

—*¿Existe para usted una responsabilidad ética y una responsabilidad estética del autor?*

—La responsabilidad ética queda, a mi entender, subsumida en la responsabilidad estética. Pero eso ya lo pensó así Hegel, que hizo de lo estético el criterio de lo moral.

—*¿La división clásica de los géneros tiene validez en nuestro tiempo? De manera personal, ¿cuál es su género preferido y qué favorece en su expresión la forma elegida?*

—No me parece que tengan gran validez. En mi caso, es obvio que preferiría la poesía, pero no concebida necesariamente como género. Por ejemplo, un autor cuya obra gravita vertebralmente sobre mi escritura poética es Kafka, lo que ya supone un radical trasvase de géneros, en caso de admitir la validez de éstos.

—*La literatura de fuera de Europa, ¿en qué medida ha transformado nuestra concepción de la literatura y nuestras formas literarias?*

—Creo que sí, que la literatura del extrarradio europeo ha marcado la nuestra, no sólo en el caso de literaturas que tienen su correspondiente lingüístico en Europa, como las americanas del norte y del sur, sino en el caso de las literaturas orientales y extremorientales.

—*¿Cómo ve como autor la cuestión del canon? ¿Hay que insistir en el canon en la enseñanza?*

—Me parece que la constitución del canon es siempre arbitraria e implica posiciones de poder. Entiendo que su empleo en la enseñanza sería funesto y sobresimplificador.

—*¿Amenaza de alguna manera la imagen fabricada la cultura literaria?*

—Todo lo demasiado hecho amenaza con la parálisis por congelación. En el prólogo de sus *Vidas imaginarias*, un libro que Borges privilegiaba, Marcel Schwob escribe: «El arte se sitúa en el extremo opuesto de las ideas generales; no describe más que lo ideal, no desea más que lo único. El arte no clasifica; desclasifica.»

ESTA EDICIÓN, PRIMERA,
DE «EL DESTINO DE LA LITERATURA»,
DE MICHAEL PFEIFFER,
SE HA TERMINADO DE IMPRIMIR,
EN CAPELLADES,
EN EL MES DE MAYO
DE MIL NOVECIENTOS NOVENTA Y NUEVE.